隨師行腳

看見證嚴法師的
慈悲與智慧

目錄

4 大愛遍娑婆

5 環保之道

6 耕一池蓮花

阮義忠

阮義忠（Juan I-Jong），一九五〇年出生。四十年來先後出版《人與土地》、《臺北謠言》、《四季》、《告別二十世紀》、《恆持剎那》等十本攝影集，並在世界多國舉行個展。作品為法國巴黎現代美術館、尼普斯攝影博物館、水之堡攝影藝廊、英國維多利亞暨亞伯美術館、臺北美術館、上海美術館、廣東美術館典藏。論著《當代攝影大師》、《當代攝影新銳》、《攝影美學七問》被視為華人世界的攝影啓蒙書；所創辦的《攝影家Photographers International》雜誌被譽為攝影史以來最具人文精神的刊物之一。一九八八年至二〇一四年於臺北藝術大學美術系任教。一九九九年臺灣發生九二一大地震後，為慈濟希望工程援建的五十所學校作重建紀錄，並與夫人袁瑤瑤合作為慈濟志工作傳。二〇〇七年獲頒臺灣東元科技文教基金會人文獎。二〇一三年獲頒第一屆全球華人傳媒大獎「攝影文化貢獻獎」。二〇一五年獲頒《生活月刊年度「國家精神造就者」榮譽。

袁瑤瑤

一九五四年生於臺灣省臺南市。一九七六年畢業於靜宜文理學院外文系。一九七七年與阮義忠結婚，一九八一年兒子阮璽出生。一九七六年至一九九二年於貿易公司擔任英文祕書，翻譯大量攝影資料及書籍，其中《當代攝影名家暗房技巧》、《安瑟·亞當斯回憶錄》、《黑白攝影的技術與藝術》、《攝影的發展與市場》的中文版由攝影家出版社發行。一九九〇年至二〇〇四年與阮義忠共同創辦攝影家出版社、攝影家雜誌社。二〇〇三年至二〇一五年與阮義忠合作《慈濟月刊》之「隨師行腳，攝影筆記」專欄、慈濟志工列傳《看見菩薩身影》，負責撰稿。二〇一三年至今，隨夫婿至大陸各大城市講座、教學。

序

拍照四十多年，我一向最在意的就是表達日常生活中的感動與啟發。回首來時路，深覺自己的人生與創作道路有一座極其重要的分水嶺——那就是一九九九年九月二十一日發生的臺灣集集大地震。

當時我正在籌備一個十分盛大的展覽，取名為「告別二十世紀」，包括〈失落的優雅〉、〈正方形的鄉愁〉、〈有名人物無名氏〉、〈手的祕密〉等四個主題，親手放大了兩百多張巨幅照片。展覽開幕前的兩週，處於興奮狀態的我被這突如其來的大浩劫重重地撼動了。

我的攝影作品幾乎都是關於臺灣農業社會的平凡人物，背景就是那純樸的鄉村、沒有被濫墾破壞的土地。那是人與人互相信任、人與環境和諧共處的黃金年代，我所記錄的就是好人、好山、好水。然而，那些美麗的地方卻是災情最嚴重的所在。在那個當下，把它們過去的美好影像當藝術品陳列，實在於心不忍；想來想去，只有把作品義賣賑災，展覽才辦得下去。

就在那時，我跟慈濟結了緣。為了拍攝慈濟重建災區學校的募款短片，大愛電視臺找我去與師生們互動。受邀期限只有一個月，被所見所聞感召的我卻自行將工作計畫延長到兩年多，一一走遍「希望工程」援建的五十所學校，從師生們在帳棚上課，到孩子們從新建的學校畢業。

慈濟志工無私的大愛、全然的付出，開了我的眼界、啟了我的心門，更讓我對佛教慈濟基金會的創始人證嚴上人產生了無比的敬意與好奇。二〇〇〇年的一月一日，我首次有幸隨法師行腳。那是我刻意挑的「跨世紀的一日」。

只要有緣，就不怕緣來得遲。不久後，我與內人袁瑤瑤開始有機會偶爾隨師，雙雙皈依後，漸漸成為證嚴上人出門行腳時的固定隨師成員，一跟就是十來年，親眼見證了他的慈悲與智慧。我拍照，她寫文章，每個月將親近上人的心得發表於《慈濟月刊》的「隨師行腳，攝影筆記」專欄。本書即二〇〇三年到二〇一五年的專欄摘選。

歷史上有許多偉大的人物，或以思想，或以力行啟迪、影響、造福著一代又一代的後人。而證嚴上人不啻為思想與實踐的完美結合，既是宗教家、慈善家，又是了不起的教育家。我們夫妻得以常年跟隨，不敢自恃福大，只有無限感恩，僅能自許將師父濟世救心的精神理念消化一二，傳播給更多有緣人。

兩年多來，由於經常往返兩岸，在大陸各大城市講學，又有許多攝影活動及新書發表，無法每月隨侍上人之側，實感歉疚。靜思法脈勤行道，慈濟宗門人間路。欣逢慈濟五十周年慶，特以本書作為獻禮，祈願師父法體安康、法輪常轉，慈濟法親福慧雙修。

阮義忠

1 心如春田

開展慈濟新年輪

二〇〇七年二月，第二階段歲末祝福，大家擔心的事還是發生了——上人又染上了感冒。儘管發燒又咳嗽，老人家依舊每天主持三場歲末祝福，從早到晚聲音沙啞地祈求天下蒼生都能平安幸福。

「時間能成就一切，也能累積一切；生命年年少，慧命卻要日日增。期待大家每天都要像過年一樣，虔誠迎接每一個好日子，天天付出，日日感恩。」

還記得喝美援奶粉、將麵粉袋改成衣服穿的日子嗎？上人說，以前臺灣窮，他成立佛教克難慈濟功德會來幫助貧病；如今臺灣生活水準大幅提升，世界各地卻依然有極為窮困的人們。過去一年臺灣算是平安的，但是大家要做好事來「囤」。

在慈濟邁入第四十一年的當時，上人呼籲「回歸竹筒歲月」，就是要喚起人人的愛心，以粒米成籮、滴水成河的力量，為這些苦難人付出。

「大自然有春、夏、秋、冬，慈濟有慈善、醫療、教育、文化。慈濟四大志業在四十年間俱足，故以四十年為一輪。新的慈濟年輪已開展，慈善是四大志業的根，我們現在要四大合一齊步走，將慈善門開向國際。」

慈濟宗門已立，靜思法脈要傳。上人撐著酸痛入骨的身子，總共主持了七十三場歲末祝福，福慧紅包一個一個地發，新慈誠、委員一位一位地授證。如果愛可以珍藏，每一個紅包都飽含著上人的愛。如果善是一股力量，上人要將自己龐大的能量分給所有人。

「慈濟第一個四十年是做臺灣的小圈圈，第二個四十年是做世界的中圈圈。下一世，師父再來帶你們做大圈圈。」

勤行道，人間路

隨師以來，我參加過的上人歲末祝福少說也有四、五百場，親眼見證到他老人家就是身體再累、腿再酸，也從無例外地在每一場都祭出最大的精、氣、神，切切地為大家祝福、叮嚀。

「靜思法脈勤行道，慈濟宗門人間路。靜思就是常常洗清我們的心，慈濟就是走入人群，哪裡有苦難就要及時走去幫助。佛法是入世的，不只為寺廟，而是為人人所應用。佛陀在人間修行、成佛，為的就是告訴大家，每個人都有佛性、與佛同等，應照見自己的本性，理解人間的疾苦。」

二〇〇八年十二月的歲末祝福，上人回憶，有一年在靜思精舍打佛七，一天七支香，說七節《法華經》。一位來參加的法師，在第三天告訴上人：「我感覺你的細胞裡全是《法華經》。」

上人說，《法華經》是以菩薩精神來看世間相；用心看，每件事都可看出《法華經》的道理。何謂「空」？何謂「有」？又如何將「空」與「有」整合為中道？那就是「覺有情」。有情，但在覺悟的路上走；拉長情，擴大愛。

「信佛不只是坐下來看經、打坐，而是要瞭解佛陀的精神，體會苦與無常的真諦，不讓人生空過。這一世能遇到『佛法生活化，菩薩人間化』，大家要珍惜。用心，把志業當使命，就會像血中細胞。」

在心燈點亮的那一刻，人人的真如本性現前，輝映著上人的教導——慧命就是走入別人的生命中，啟發他的啟發慧命。人人顧好使命，世間不會沒有希望。

慈濟人間路

活功德

儘管各年的每場歲末祝福內容差不多，我卻相信「妙有」會在反覆的循環中萌現，就如同四季運轉、萬物滋生。

包括社區場次，二〇〇七年全臺灣一共有五百一十場歲末祝福，無處不是井然有序。就拿高雄靜思堂來說吧，巍峨的殿堂外，慈濟旗幟在藍天白雲之下飄揚。有慈濟人的地方就有和諧，每個人都知道自己的位置，謹守崗位不逾矩。

那年十二月六日，上人要從高雄前往臺南，臨行前，好像是坐在大樹下那樣，對滿堂弟子講了一個真實的故事。

一位掌家的望族老太太對兒子們說：「我一生辛勞，讓每個人都生活得很快樂。在我走的時候，你們要如何安排？」兒子們恭敬回答：「母親怎麼交代，我們就怎麼做。」「很好。」老太太說：「我要你們為我做七七四十九天的法會，而且即日就開始做。除了請法師講經，還要熬粥給飢餓的人吃，再讓他們帶著米糧回家。」

兒子們很孝順，一切照辦。於是，大宅院從每天清晨便開始佛音裊繞，老太太虔誠聆聽法師講經，注視著一波波的窮人攙老扶幼地前來。看到他們喝下熱騰騰的稀飯，臉上的蕭索一掃而空，老太太慈祥地笑了。

人們呼出來的氣息與粥煙暖烘烘地飄浮於半空，彷彿香雲蓋。四十九天之後，老太太滿意地表示：「將來等我真的走了，你們只要靜靜地把我埋下就可以了，因為我在活著的時候，已經得到了所有的功德。」

上人環視所有弟子，殷殷闡釋「活功德」的意義，說自己就與那位老太太一樣，也想看看弟子如何傳承靜思法脈、慈濟宗門：

「大家都說愛師父，趁我在的時候做給我看，我就能得到所有的功德與歡喜啊！」

添丁

二〇一一年十一月十八至二十日，上人於慈濟蘆洲園區、板橋園區及三重園區為合計一千七百多位海外弟子授證，幫他們一一別上「佛心師志」的胸花。許多人在上人面前難掩激動，一位花甲師兄老淚縱橫，一位妙齡師姊泣不成聲。

「我的手上滴到好多眼淚……」上人不只一次地提到。

場地大，階梯既長又陡，上人縱使腿疼，也堅持一階一階地從每排的弟子身邊經過。隨師弟子不捨，勸上人走平地就好，老人家卻輕輕答以：

「他們那麼遠回來，會希望親近師父。」

每場圓緣都是那麼樣動人，志工雖分別來自二十個國家，虔敬恭謹的威儀卻沒有兩樣。光從唱誦就可感受到那股龐大浩然的道氣，尤其是馬來西亞的法親，整場從頭唱到尾，無論〈禮讚〉、〈水懺〉或〈立體琉璃同心圓〉、〈立願文〉，沒有一首不是表達地既清晰又洪亮，〈想師亘〉更是讓人聽到此起彼落的吸鼻子哽咽聲。

慈濟大家庭添丁，上人殷殷叮嚀：「我們不是只念佛，求佛加被，為我們消災。真正的消災，是要讓天下無災難；真正的消災，是要在人間造福。苦難人這麼多，需要人人付出一分愛，同時輔導人心正向。少造惡業，自然就會四大調和，天下災難消弭。」

真正的消災，是要消天下之災——這是何等的氣魄！

關鍵在於，這不是口號，而是上人領著全球慈濟人一直不停在做的事。

得此明師，吾等弟子夫復何求？

大圓鏡智

隨師歲末祝福，在全臺各地都可看到內心發光、臉龐發亮的小老百姓，自己勤儉度日，卻一心一意布施助人。不管景氣有多壞，他們一如往常地做著好事，示現了心中無比的富有。

上人說，人人都有大圓鏡智，縱使室內幽暗，只要有光，人心就能如明鏡般地反射光芒、照亮暗室，讓愛傳布出去。

何謂大圓鏡智？琢磨他老人家的話——最真、最美、最善即是，眼前這群付出無所求的慈濟人即是。

年年歲末，上人都會專程行腳，一場又一場面對面地祝福所有的弟子。其實，又何止是歲末？他老人家每時每刻所說的每句話，都是永恆的祝福，真真確確、天長地久地啟發著我們，期望每個人都能成為心境開闊、胸懷大志的身體力行者。

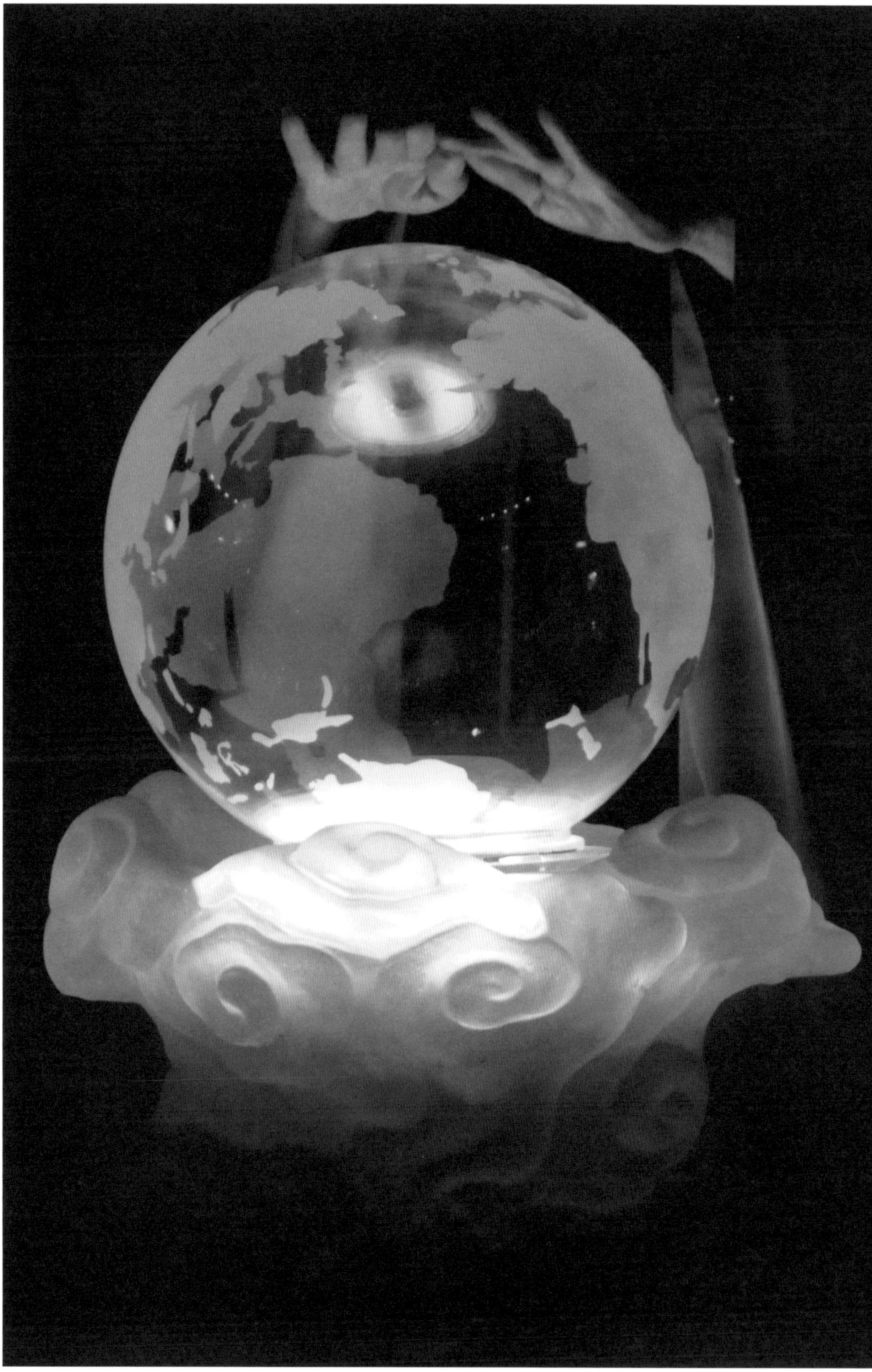

五代同堂的濃濃年味

連續三載於靜思精舍過年，二〇〇三年格外有滋味，因為我們夫妻在臘八那天皈依了證嚴上人，以前有點像做客，如今可謂回家團圓了！

年夜飯的桌數回回增加，那年喜氣更勝，不僅席開一百三十桌，連師公印順導師也在精舍圍爐。算上許多一家三代相偕而返的慈濟人，真是不折不扣的五代同堂。上人顯得格外開心，跟大家說了好幾次：「今年我也有紅包喔！」

日頭從海上浮起，燦爛的光線籠罩精舍，在大年初一的早上遍灑光明。上人喜氣洋洋地陪師公來到大殿前觀賞祥獅獻瑞。眾弟子在討得吉利之後，歡喜地簇擁著師公與上人，到熱鬧滾滾的園遊會繞了一圈之後，來到高大茂密的麵包樹下；主攤位——「大愛讓世界亮起來」就在那兒！

思賢師兄率先在紙箱內投入一張大鈔，眾人隨即高聲齊唱「大愛——讓世界亮起——來——」！

這個遊戲大家百玩不膩，因其背後有上人對弟子的殷切期許：若是人人都能祝福自己，時時擦亮那一念愛與善的明鏡，在人心淨化之後，社會必定祥和，世界也就無災難了！

萬物親大地

一年終結是又一年的開端，年頭年尾連成生生不息的圓。孩子在一個又一個圓的循環中長大，慈濟世界也愈來愈廣闊了，精舍過年的人氣一年旺過一年。

上人發紅包的場景，就是看過再多回也還是會感動，總讓我想到「佛視眾生如一子」。就連平日，「給」也是他老人家最愉悅的時刻。慈悲的手無論伸向誰，給的是佛法、物質或機會，都蘊含著無限的祝福與期許。

許多不曾見過的法親都攜老扶幼地回來了。上人走到那兒，高亢興奮的氣團就籠罩到哪兒。極目所見，每張面孔都是紅通通、喜洋洋的，氣氛何止熱烈！

「手伸長一點，手伸長一點……」護法師兄一路叮嚀每桌滿滿的師兄、師姊與會眾。上人無限歡喜，捧著厚厚一疊圍爐紅包，見手就發，從抱在懷裡的到拄著拐杖的都有，還一一垂問：「拿到了嗎？你有沒有？」

二〇一二年一月二十二日晚，上人舉箸不到十分鐘便起身發紅包，現場溫度頓時上升了好幾度。寒雨綿綿，上人卻依然到戶外繞了一圈，沒有漏掉任何一處臨時齋堂。大家全都站起來，直到上人走過還捨不得坐下，翹首目送，向著他老人家的背影揮手、合十。

二〇一四年一月三十日的團圓飯席開近兩百桌，其中包括來自十二國的慈濟人。每桌在上人靠近時都會齊聲高呼祝福語；臺語、國語、英語夾雜，除了「Happy Chinese New Year」，還有「上人我們需要你」「祝上人身體健康呷百二」……

上人也必定會至大寮感恩香積菩薩的辛苦，沿途經過哪兒，高昂興奮的氛圍就籠罩那兒。我亦步亦趨，只見弟子這廂齊呼：「祝上人法輪常轉——」，老人家那廂回應：「我要轉，你們要接喔——」

記得上人曾開示：「大地容納萬物，萬物也離不開大地。在春到人間的此時，萬物親大地，非常有朝氣。大地利養人間，如果跟大地有親有和，它自然而然就會供給一切生機。」

上人以法滋養眾生，在無數人的心目中，他老人家就是大地。

到處可過年

上人說，人人享受新年假期，但是消防隊、醫護人員、警察們卻守護著大家的平安，一旦有事馬上動員。另外還有一群不放假的，那就是慈濟人。

「天下慈濟人，到處可以去過年，到處可以去付出。」

環保志工埋頭苦幹，做到忘記回家圍爐。霧峰火災、鶯歌氣爆，慈濟人都照樣前往膚慰、擁抱。全臺六家慈濟醫院的院長們，過年親自去慰問住院病人；病人說，拿到院長的紅包，覺得病好了一半。

春陽照暖，人潮不斷，來過年或參觀的人走了一批又來一批。即使是第一次踏進靜思精舍的人們，面容也祥和起來，自然而然地透露出向善的渴望。

下午一點半，〈祈禱〉的樂聲準時響起，眾人跪在觀音殿中虔誠合十，就是在戶外活動的人也就地立正、肅穆禱告。正是這樣的情景，讓身在「菩薩淨土」之感油然而生。

「法輪常轉。你不叫它轉，它還是轉，從來沒停過。」就如上人的開示：「花開花謝，春夏秋冬，世間萬物無不是法。世間法跟著時間轉；時輪、法輪、心輪，重疊在一起轉。慈濟人的法輪、心輪也不斷在轉，以法充滿時空。」

惜福義賣
文講座
2004年精舍過新年

心如春田

「過新年就要過『心』年，人人把心顧好，就是時時過心年。把法分分入心，哪需要除舊布新？佛法真理歷久彌新，日日新，苟日新，沒有舊的時候。」

二〇一五年大年初一，清晨鐘響鼓鳴，大眾披著夜色，安靜肅穆地列隊進入大殿做早課。全球薰法香的人愈來愈多，使得上人特別開心，多次提到，每天早上三點多，還沒敲板他已經坐著準備。

「敲了板。你們在外面做早課，我也做早課，看到人人那麼誠懇，那麼珍惜薰法香，我停不下來。我歡喜，打從心靈的法喜。」

在這一年之始，上人殷殷開示：「一年又過了，人人有期待，凡事從新的一步開始。春來第一天，但願人人心如一畝良田，把握春氣播種，將心地好好耕耘，除卻雜草，能生一切法種。發大心立大願，四弘誓願、四無量心是行在菩薩道上的精進的基礎。祝心如春田，布善種子，遍功德田。」

上人說，新年到來，我們的願望要如春耕。過去的哪怕是空白，哪怕是充滿煩惱無明與懈怠，也已經過去了。現在反黑歸白，把握時光，把握季節。就如農夫把握春氣。從一粒穀種開始，插秧，讓水分恰恰好；何時施肥、曬田，放水都要注意。一粒種子可結成累累的飽滿稻穗，只因農夫用心耕耘。

「人的心田不也是這樣？行菩薩道要把握因緣；我們已經遇到佛法，就要用功，不只在人間造福，還要在此刻修慧。把握分秒，讓春的氣象永留心底，就是永恆的心地春田，如佛法歷久常新、長春。用心，就會一生無量，無量從一生。」

視訊拜年

二〇〇八年大年初一，上午仍然溼冷，靜思精舍的氣氛卻依舊熱絡。園遊會在前院有親子ＤＩＹ、寫春聯，說環保、國際賑災分享，後院則有熱呼呼的擔擔麵、現炸年糕、蘿蔔糕與河粉。許多主持攤位的師姊們昨夜才從三重、關渡、石牌等地趕來，抵達時已凌晨三點。雖不得休息，卻人人顯得精神奕奕，直說不累。

大寮總是有讓人驚喜的事，那十二小碟的午供供品就是其中之一：紅椒、黃蘿蔔、白鮑菇、綠扁豆、金南瓜排成各色蓮花；黑豆可以想像成佛陀的髮髻；一圈幼細的蘆筍尖，代表的就是立體琉璃同心圓。常住師父笑呵呵地說，這是大家的精心創作，從初一到初三，每天的供品都不一樣哩！

那年是有史以來的第一回，全球慈濟人利用視訊向上人拜年，連線時刻表從初一排到初五。上人每天一到九點半就在會客室裡坐定，等著與全球弟子說話。

在上人身邊看視訊拜年，所有的歡喜、溫馨與感動好像都會加倍，卻也更能體會老人家的辛苦。無論是畫質不好、沒有聲音或是斷線、停格都會讓人心懸著、特別耗神。然而，只要連線成功，上人就會全然專注地看著、聽著、叮嚀著千里之外的弟子，彷彿以最大的生命能量在牢牢牽著大家的慧命。

上人向全世界的慈濟人感恩，願大家日日造福、時時歡喜，心寬善解得吉祥：「我們現在是天眼通、天耳通、神足通都有囉！你們神足通到花蓮，我神足通到你們那裡，一來一往，沒有碳足跡。師父今天還去了加拿大和美國呢！」

可愛的師兄師姊們唯恐不夠虔誠，卯足了勁兒安排拜年畫面。場面最壯觀的板橋不但整個儀式經過精心排練，還同步打上字幕。陪在會客室裡的我們這下子終於有用了，碰到有畫面沒聲音就按字幕配音，該念的時候念，該唱的時候唱，以免字小上人看不清楚。

有的地區連線狀況不穩，畫面或聲音一會兒有、一會兒沒。上人拿起通話器一字一字慢慢問：「師父說的話，你們聽得懂嗎？」

那一頭，數不清的弟子忙著點頭比手勢，殷勤萬分地表達「聽懂了」。

這一頭，上人氣定神閒、慢條斯理：「只要大家能聽懂我的話，天下就太平囉！」

菩薩在雲端，靈山在高空

上人常說，視訊連線最能讓他體會什麼是「空中妙有」。「佛法不只是在佛堂裡，我們的菩薩在雲端、靈山在高空。菩薩雲集，法親會見，人人互相祝福，真是令人歡喜。心中有法就能度眾生，把菩薩道鋪得直、鋪得開闊，就能讓人間路平坦、人人平安！」

臺灣過年，全世界都來拜年。到了二〇一四年，視訊連線的大銀幕上，已是一會兒說英文，一會兒說法文、西班牙文了。無論哪個國家、地區都使出渾身解數展現菩薩大招生的成果，規模一年比一年大。

還有許多法親感覺視訊拜年不夠，特地千里迢迢來到花蓮，一批批地輪流圍坐上人身邊，個個喜不自勝、目不轉睛，彷彿光是坐在那兒看上人就夠幸福了。

「過年最重要的就是把自己的心清除一下，重新布置全新的人生。」

上人向似在眼前、實在遠方的弟子們殷殷叮嚀：「我知道，千山萬水隔不了你們想念師父的心。但真的想念師父，就要把法傳下去。人人時時有法，就是時時有師、時時是佛。希望人間永遠平安吉祥，人人時時法喜充滿。」

印象深刻的視訊拜年還有二〇一五年。板橋一早就有七百多人跟著精舍做早課，等候上人。福建泉州龍湖共修處跟上人發願，用的是臺灣最熟悉的閩南語。

而冰天雪地的吉林啊，裝備大概也結凍了，影像老上不來，音訊也斷斷續續、結結巴巴的。然而，那一聲聲「花蓮，花蓮」、「上人，上人」的呼喚，已然道盡一切。

經過一番努力，馬來西亞雪隆分會終於順利上線；見上人對著銀幕說：「雪隆啊，回來吧」，我的眼淚都快掉下來了！

2 安定的力量

第一道曙光

早在SARS疫情剛發生，上人即囑咐全球弟子取消所有大型室內活動。在當時似乎顯得過於謹慎，事後卻證明了師父的睿智。這分敏感度，來自他老人家對天地萬物的至誠至敬。

二〇〇三年四月二十五日為慈濟三十七周年慶，得知當日清晨依舊有朝山，我和義忠趕在前一天傍晚搭火車回花蓮。踏入精舍已近止靜、安板時分，匆匆盥洗後躺到大通鋪，在愈來愈習慣、此起彼落的鼾聲中安然入眠。

三點多，打板聲響起，記記都像是歡喜的宣告：慈濟又多了一歲！

四點前，全臺幹部及在地鄉親於朝山起點整隊。七百多人的體溫驅走夜未央的寒意，沉靜無邊的黑暗中，一股渾厚的能量隱隱聚攏、擴散。

在常住師父的帶領下，大眾身、口、意合一，齊頌「南無本師釋迦牟尼佛」。三步一跪拜，步步深刻自省、拜拜虔誠祈願。人人的動作一致，彼此之間彷佛有看不見的繩索相繫。眾矢齊發，清澄的念力朝向同一目標：願世界和平、眾生安樂，願上人法體安康、法輪常轉。

隊伍像清淨的河流，緩慢而寧靜地匯入法海。路途雖不長，卻是一段讓自性由黑夜到天亮、從無明到清澄的歷程。當第一批朝山眾抵達山門時，農曆歲次癸未三月二十四日的第一道曙光，剛好照亮靜思精舍的飛簷。

安定的力量

六點半，二眾弟子集於精舍前院，恭候上人主持大迴向儀式。清新亮麗的晨曦將屋舍映得剔透明朗，老人家甫踏出觀音殿，就被籠罩在一輪金光之中。「願消三障諸煩惱，願得智慧真明了，普願業障悉消除，世世常行菩薩道。」大眾在佛號聲中虔心祈禱，將朝山的功德迴向給普天下眾生。

上人感嘆日子過得快，但三十七年來，沒有一天不在感恩：

「天沒亮，遙遠的地方就傳來佛號聲，朝山的隊伍浩蕩長。眾生心本迷茫，大家朝著精舍步步走向光明，要切記把這分精進帶入日常生活，時時行菩薩道、福慧雙修。今天，不只花蓮，慈濟全球所有支會和道場都在當地祈禱。大家要上下一念，用戒慎虔誠的心積極為善。人人積善，天下無災難。」

周年慶無往年的歡欣氣氛；上人鎮日憂心、時而輕嘆，說這波SARS疫情隔離了許多老百姓，不單是身體，還有心靈。

「受到感染的人，本身就是受害者，理應得到大家的關懷與幫助。若是逃過了病毒的蹂躪，卻得不到親友與鄰居的接受與撫慰，心靈的創傷較之於病毒傷害，恐怕有過之而無不及。社會如果能有較多的寬容與大愛，國家就會有較多的祥和與安定。人人能彼此寬容、相互關愛，病毒充其量只能傷害我們的身體，絕對不能傷害到彼此之間那分緊緊相繫的情。」

科技愈進步，自然常軌受到的阻礙愈多，導致生態環境失調。世間紛擾、苦難不斷；在周年慶的這天，上人帶領全球慈濟人為蒼生祈福，堅定的身影屹立在弟子的心中，指引著他們以實際行動付出關懷，在社會各角落形成安定的力量。

全然無我，至大禮敬

慈濟自成立的第一個月開始，每逢農曆二十四日均誦持《藥師經》，因為上人成立功德會的宗旨即是顯揚佛法、救世利生，將藥師佛十二大願普行於人間。

「眾生共業、息息相關，世界多少苦難災害，莫不是起於心。無明惹來禍端，大家要好好自省，災禍從何而來。驚世的災難要有警世的覺悟，要自省、互愛、謙卑。人是很渺小的，不要再說人定勝天了；財富再大、權力再大，也抵擋不住一個看不見、摸不見的病毒啊！」

上人禮佛的動作極為攝人，義忠覺得，以他三十年的攝影歷練，恐怕也無法將精髓捕捉。下跪、頭禮佛足、翻掌、問訊……每個動作都非常緩慢、優雅，極簡卻極難，所示現的已不是外在形體，而是內心的全然無我、至大禮敬。

如果每個人都能像他老人家那樣謙卑、虔敬，善的力量怎能不大，福禍之間的拔河怎能讓人不樂觀？

慈濟是怎麼來的

二〇〇三年十月三至五日的「全臺委員慈誠合心精進三日」，是非常特別的活動。不僅因為這是靜思精舍自一九八八年暫停打佛七後，首度舉辦的「法華經佛會」，也因為學員都是追隨上人最久的，負有承先啟後的重任。

四日從臺北搭早班機來花蓮，一踏進山門就聽到渾厚的誦經聲，大殿滿是肅穆拜佛之人。稍後得聞上人首日開示的錄音帶，句句感人肺腑、扣人心弦。

老人家開宗明義，要弟子們清楚記得慈濟是怎麼來的，將所聽、所學銘刻心版，傳給未來的代代慈濟人！

「我們的佛七是從靜思精舍啟用那天開始的。大殿才蓋好，大家趕工打掃搬進去，因為寮房也在這裡。」上人細說從頭，將數十年一路戰戰兢兢走來的坎坷娓娓道來：「一九六九年農曆三月二十四日，天沒亮，我們開始了佛七的第一支香，所有人算算不到十個。」

從這一年開始將近二十年間，精舍幾乎年年打佛七，並把每年的三月二十四日訂為慈濟日。這一天也是上人的母難日，上人說，自己在出生不久後，就過繼給了親叔叔。

「以前的人很保守、很守規矩，孩子如果給了人，就不能再認生家的人。懂事以後，我眼睜睜看著自己的親生父母，想上前說一句話而不可得。」

從小到大，上人始終有父母恩未報的情懷，出家受戒後在普明寺後面的小木屋住了六個月，每天看經、抄經，清晨一、兩點起來禮拜《法華經》。

「在小木屋裡，我的心靈得到解脫，覺得這是我的時間、我的空間，我要把握機會。每個月二十四日，就是我燃香供佛、報父母恩的時候。

我那個時候很窮，連吃飯都有困難；有時從花蓮市區回來，連一塊半的車資都沒有，就用走路的。生活那樣刻苦，根本買不起任何花果來供佛，惟有用父母賜給我的身體。天未亮之前，我在自己的身上燃香供佛……」

精舍開始打佛七後，人數年年增加，大殿逐漸無法容納，便在戶外搭帳棚；天氣太熱，便把冰塊放在大風扇前吹。那時上人事情沒那麼多，所以能很專心地照顧大家，對行住坐臥以及學佛規儀要求非常嚴格，甚至會到寮房突擊檢查。

每年佛七打完，有人想皈依，上人的條件就是「佛心己心，師志己志」，必須內修外行。「行住坐臥、語默動靜，都能顯示內心是否在修行。心如果記得，行動就會如規如矩。若要堅定菩薩心志，威儀必定要固守。」

上人說，並非出家才必須修行，在家菩薩也要修。「修」就是「修心養性」，「行」就是「端正行為」。「人人都有與佛同等的清淨佛性，只因一念無明，引生貪嗔痴，慢慢養成了個人習氣。修行就是要回歸清淨無染的本性。」

在會議室待了一會兒，我悄悄走進大殿，正在進行的是繞佛。上人以身教示現，優雅而精準地踩著唱誦節奏在中央來回繞行，所踏出的每一步都是那樣完美。

繞佛結束後，所有燈光熄滅；大家靜坐調心，等候上人開示。就在這時，義忠看到一個極美、但在這種光線下卻又非常難拍的畫面。還好照片沒有任何閃失地沖洗出來：一片黑暗之中，上人的臉龐煥發著清幽的光芒；案頭小電視的螢幕上，佛陀的法相正映照著上人。

跟緊足跡學簡單

精舍全體常住在這次法會總動員，費心又費力，各項儀規與布置的隆重宛如「戒堂」，為的就是讓學員們成長。

四日那天，最壯觀的場面就是過堂，從大殿到齋堂行經的路面全被常住師父洗刷過，再鋪上地毯。八位師父身著袈裟，師兄姊排成兩列跟隨在後；大家誦著佛號，莊嚴整齊地踏向「五觀堂」。坐定、舉行供佛儀式後，才開始用齋。

上午拜經、繞佛、靜坐後，上人以《無量義經》中的「恬安澹泊，無為無欲，顛倒亂想，不復得入」教導大家不要太計較，否則煩惱多：「做人要如何才能輕安自在？就是學簡單。生活簡單、慧命顧好，就不會顛倒亂想。只要方向拿得準，人生的每一步都會走得踏實。」

上人說，真學佛者「靜寂清澄」——內外明淨、無私無求。上人開示，凡夫發心容易恆持難，要靠「志玄虛漠」——虛空有盡，我願無窮。若想不受人我是非干擾，就要「心包太虛，量周沙界」。「守之不動，億百千劫」，則「無量法門，悉現在前」。

上人還提到，有陣子身體不好，一位朋友善意地建議他寫遺書。上人便回答：「我天天都在寫遺書啊，只是不用文字。我每天把所有事都託付大家，沒有任何藏私。我對弟子放心，就會安心，去時了無罣礙，很清淨，不必交代。」

老人家感嘆，如今他的「空間和時間都連在一起了」，沒法帶大家打佛七。可是，不定期舉辦的精進日就等於是打佛七，讓大家學規矩。資深的人學習時要拳拳服膺，學了之後就不能放棄，並要不斷地再帶領別人。

上人以繞佛作比喻，能把前人踏出去的足跡跟得很準，才是真正的用心。第一位走出來的人無論直行或轉彎，身後的人如能把腳印疊得絲毫不差，隊伍就會很整齊。若是每個人的腳步差一點點，幾個人下來就會差一、兩尺。前面走、後面跟，然後再把更後面的人帶好——這就是跟緊足跡。

五日，上人站在文化走廊上，看著大家整齊莊嚴地步往齋堂。陽光之下，老人家飄然的身影充滿期許與祝福。

令人驚喜的訪客

彰化靜思堂的空間很美，義忠經常能在這兒拍到滿意的上人法相。二〇〇三年十月二十三日那天，好照片尤其多。

那是個風和日麗的好日子，上人抵達後，數百名弟子在露天中庭向師父頂禮。上人含笑回禮，在輕鬆舉步的那瞬間，讓義忠捕捉到了這個難得的畫面。金色陽光籠罩全身，慈藹的上人神情充滿疼愛與感恩。在他身後，刻有灑淨圖的玻璃帷牆，依稀可見弟子們紛紛起身的倒影。

慈濟在社區教育推廣上非常用心，彰化分會儼然已成為當地的文化中心。無論是書軒、茶道、花道、字畫或是正在圓形文化館展出的《大唐西域記》，都可讓鄉親們體會慈濟人文的精髓。

那天，在上人巡視各項設施時，靜思堂突然出現一位令人驚喜的訪客——達宏法師，讓上人特別開心。宏師父以一位同道身分幫忙證嚴上人十多年，為慈濟在臺灣中部打下扎實的基礎，並調教出一批能幹的慈濟委員。當年篳路藍縷、舉步維艱，如今眼見中部地區的慈濟會務蓬勃發展，宏師父當足以感到光榮與欣慰。

兩位師長並肩同行，一切盡在不言中。相交數十年的道友，偶而交換短短數語，或憶往、或打趣，均讓我有禪機乍現之感。有幸身為隨師的一員，那分如沐春風、如潤朝露的歡喜，真是無法用言語形容！

二〇一三年九月十九日，達宏師父於埔里魚池的「寂照蘭若」圓寂，但每次看到這張照片，都覺得他並不曾離開我們。

發心如初

每當上人行腳至臺中，只要印順導師在華雨精舍駐錫，就必定前往請安。類似的場面義忠拍過許多次，卻把每次都當成是第一次，因此時時感覺法喜充滿。發心如初、慎重如一，就依然能捕捉到許多感人的鏡頭。師徒二人同看早年合照、心神交會的剎那，就是他最滿意的作品之一。

另一個殊勝因緣是二〇〇二年一月二十二日的早晨。上人趁歲末祝福的空檔去探望導師，離開之前突然在老人家身邊一站：「來，幫我和師公照張相！」

事情就有這麼湊巧，平時即使上人不開口，也總有五、六臺相機或攝影機盯著他不放。那天上人開了口，隨師的許多人卻不是相機電池沒電，就是底片剛好用完。上人見狀好氣又好笑：「你們跟我這麼久，我主動要求拍照過嗎？」

現場唯獨義忠的機器靈光，而且妙的是，他那天剛好多帶了一臺最適合拍正式肖像的中片幅相機。鏡頭之中，師公與上人的表情充滿禪機，背後的佛陀與觀世音含笑凝視。

義忠將這張異常珍貴的照片放大成十六乘二十英吋後請人裱褙裝框，除了分別敬贈師公和上人，在我們家客廳也掛了一張。法相之前供奉盛開的白色蝴蝶蘭。

師徒對話

義忠於二〇〇二年三月十六日拍的這張照片，讓我聯想到上人曾說，師公說話鄉音較重，有時聽不懂，卻又不敢問，但總能心會：「師父給我的是人格教育，能心會，知道我該怎麼做，自我鞭策。」

印順導師於二〇〇五年六月四日辭世，上人與師父最親近的日子，便是他住在靜思精舍的那些年。「每次去樓上跟老人家說，有這樣的事、那樣的事。老人家都會說『人間事嘛！』簡單的一句，我就會很釋懷。是啊，人間事不就是包含了天下事嗎？」

大愛電視臺《菩提心要》製作的《我思我師》禮敬追思印順導師專輯，有一段讓我印象特別深刻。二〇〇〇年五月慈濟醫院大林分院開業在即，上人發燒，卻依舊抱病出席活動，在返回精舍後跟師公報告情況。師徒二人的對話平淡質樸，卻教人難忘。

「吃得怎麼樣？」

「我不喝牛奶，只好猛灌豆漿，把豆漿當茶喝。這幾天我都不敢出去。」

「出去最好打個營養針補充補充，出去多辛苦啊！」

「能吃最好啊，能吃比打針好。」

「能吃當然最好，可是你吃得少嘛！」

「要儘量補充，儘量補充。每次都要打針、打針，皮膚不好……」

在師公面前的上人看起來好年輕，有一、兩秒低下頭來，卻難掩感動。

出家功德

「你們可真會挑日子啊！」常住師父笑著說。二〇〇七年十月二十八日一早回到心靈的故鄉，才曉得依照農曆，那天是觀世音菩薩的出家紀念日，靜思精舍的剃度大典將於上午十時隆重舉行。渾然不知的我們竟能躬逢其盛，真可謂好運當頭，見道聞善都是功德啊！

剃度儀軌莊嚴殊勝，從「請師」、「香贊」、「開示」到「懺悔」、「皈依」、「剃髮」無不感人至深，令人既悲且喜，悲喜交加。上人說過，那叫「悲心相契」。

禮成，上人開示，要圓頂者感恩父母、家屬支持，使他們能無罣礙、無煩惱地離小家入如來大家，在精舍挑起濟度眾生的偉業。

「精舍開山，為的是開啟慈濟宗門，解救眾生出苦難。全球慈濟人以精舍為家，你們是家的主持，對外要發揚慈濟精神，對內要弘揚靜思法脈。」

佛經有言：「出家功德，高於須彌，深於大海，廣於虛空」；又曰：「在家塵汙多，出家妙好；在家具縛，出家無礙；在家攝惡，出家攝善；在家怯弱，出家無怯；在家順流，出家逆流。」

好在我們可以「身不出家心出家」，學習身在紅塵心不染。能成為慈濟大家庭的一員，跟著上人行菩薩道，也是三生有幸啊！

眷顧

二〇〇八年，殊勝的五月十一日，全球有二十四個國家的兩百一十處慈濟聯絡點舉行浴佛典禮，場面莊嚴、攝心，更勝以往。

花蓮總會的大典於早上七點展開，大愛電視臺實況轉播。上人於六點半抵達靜思堂四樓，隨即凝神觀看安置於室內的兩座大銀幕，一個是道侶廣場正在進行的排練情況，一個是大愛電視臺的新聞。

緬甸於三天前受熱帶風暴襲擊，災情嚴重，上人寢食難安。泰國、馬來西亞、新加坡的慈濟志工已銜命進入仰光，上人在浴佛典禮結束後與他們視訊連線，除了叮嚀勘災、救災重點，還特地囑咐：「要把師父帶去喔！」

這些天，除了各地的大場面儀式，慈濟各醫院也為行動不便的病患舉行小型浴佛。大愛新聞播出，吉隆坡的師兄師姊帶設備來到姚金玉阿嬤的家中，讓癌末階段的她也能沾佛水、拈花香。老人虛弱不能言語，表情卻格外動人；孝順的兒子表示，母親覺得，佛陀此時此刻就在她身邊！

典禮開始，上人飄然移步窗前俯視。貼心弟子早已安置了座椅，上人卻只淡淡地看了一眼，逕自筆挺地站著，從頭到尾不願歇息、不肯鬆懈，眷顧著每個環節、所有人。

浴佛大典清淨祥和地進行著，浸潤在如天堂般幸福圓滿的我們，哪能想到，三十小時後就天搖地動地發生了四川大地震。石破天驚，人生無常，天堂與地獄的距離，其實近的嚇人！

緬甸賑災
軍政府態度封閉 救難賑災受阻礙

如來出世大因緣

這三張照片分別展現了二〇〇五年、二〇一一年以及二〇一四年在花蓮、臺北舉行的浴佛大典。

「每年五月第二個星期日，是『佛誕節、母親節、慈濟日』三節合一，海內外慈濟人在這一天舉辦莊嚴的浴佛典禮，弘揚佛法之美、之真、之善。」

媒體上的這段文字平鋪直敘，實質內涵卻代表了龐大、驚人，非親眼所見不能明白的能量。數十萬慈濟人與會眾於這一天在全臺各地聚合；之前的典禮策劃、人力動員、物資調度、隊形演練、地標製作、場地布置乃至於大街小巷廣播、挨家挨戶邀約都只展現了有形的部分；無形部分不可計量。

二〇一〇年五月九日，晨曦中的花蓮靜思堂前聚集了慈濟各志業體主管、同仁以及老師、學生、志工，人人以最美好的自己供佛，整齊地展現了同心同念的和諧。

與全球其他各地的慈濟分支會相較，花蓮的浴佛典禮還給人「家慶」的感覺，規模並非最大，卻是萬眾矚目，最具象徵意義。也唯有在這兒，才能直接領受上人全程俯瞰、陪伴的幸福。

「如來出世大因緣，開示悟入佛知見，潤漬蒼生濟人間，宏誓度化遍大千。」在「禮讚」的唱誦中，精舍師父從高大的銅門內齊步而出，象徵著懷抱使命蓄勢待發，步步精進，融入人間。

環視周遭，清新的花草樹木、純淨的臉龐，在在都是「佛在、法在、僧在」的見證。浴佛隊伍如行雲流水，潺潺地敘說著無所不在的佛恩、親恩、眾生恩。

佛誕節
母親節
慈濟日

時間的長河

僅以此文，紀念二〇一六年三月二十一日於豐原慈雲寺捨報圓寂的修道法師。

二〇〇九年三月十日，豐原慈雲寺的修道法師首次造訪靜思精舍及花蓮靜思堂。熟悉慈濟歷史的人，對上人與修道法師之間的深緣厚情多能津津樂道，我在此便不多言。更何況，好照片自己會說話，讓人觀之悠然神往。在這種時候，配圖文字便如老唱片上的雜音，不會沒有，但愈少愈好！

中午十二點二十分，修道法師還沒到，上人已在大殿朝來車方向張望，看見前往火車站迎接的巴士回來，立刻趨前迎接。修道法師一下車即摟住上人；將近半個世紀的滄桑，彷彿都被壓縮在這個擁抱之間了。

即使從沒見過修道法師的靜思弟子，也覺得跟他老人家很親。有人說，法師八十八歲了吧？不，老法師強調，把閏月加起來算一算，他已經九十歲囉！

聽說，出發前大家在豐原商量帶什麼伴手禮；老法師連想都不必想：

「他最喜歡吃德記的素餅。」

下午一點多，弟子們陪著二老在會客室喝茶。

修道法師話說從前：「他二十六、七歲時，我牽著他到處跑……」

上人：「且慢，是我牽著您到處跑吧……」

喝完茶，眾人繞園區一圈。經過香草園，無論是香茅、薰衣草、迷迭香，修道法師都要摘下來聞一聞，也要上人聞一聞。

弟子們笑言：「修道師來，上人才比較好命，能出來散散步。」老法師答：「那我要常常來！」上人和修道法師一路手牽手，兩人好像都年輕了幾十歲。隨師在側的我們，年齡當然也跟著下降，成了小蘿蔔頭！

在靜思堂的志業博覽會場，上人一區一區地親自導覽，敘述每一段歷史：「這是嬰兒鞋，這是竹筒，慈濟開始了……」「看！鹿野的周太太幫我做了一件旗袍，還有被單，可是沒能交給我……」

從旗袍尺寸，便可知上人當年有多麼瘦小。那位周老太太疼惜女孩衣衫單薄，私下縫製了那件衣服和一床白折布單，誰知送到王母廟，女孩與修道法師卻已早一步離開。再相遇，已是慈濟三十周年時。

難得的是，周老太太一直把衣物留著，讓上人一見便大歎因緣不可思議，他所設計的慈濟委員柔和忍辱衣竟也是深藍色的旗袍。

參觀過講經堂，上人與修道法師於雄偉的銅門前佇立片刻。大門朝內這一面，有十六幅浮雕敘述上人出家求道、創立慈濟的經過。那列標有「往高雄」的火車裡，坐的正是當年「讓命運安排去向」的修道法師與上人。

眾人七嘴八舌地讚歎、解說，修道法師先是詫異，隨即燦爛地笑了：「不敢當，不敢當！」。有人問：「您二位後來在臺東都蘭山裡找到仙人了嗎？」老人家直搖手：「不記得了，不記得了！」

因緣就像捲入時間長河的種子，不知流向何方、在何處生根發芽。浩瀚的時間長河不會為任何一個人、一件事而停滯，然而，它卻會帶著一個時代的偉大記憶向前翻湧，在一段又一段的河道上沉澱出文明的沃土。

上人與修道法師的故事，正是一個真善美時代的開端，也是靜思法脈、慈濟宗門的序曲。

在分秒、方寸中感恩

「這真是一次出乎我意料之外的盛況，我由衷地感激，無限地安慰。」

慈濟四十三周年慶，全球慈濟人於花蓮中央標準時間上午九點半至十一點，透過視訊連線與靜思精舍同步舉行藥師法會，參與人數粗估超過兩萬五千人。

然而，本篇的第一行卻非上人於二〇〇九年四月十九日所說，而是摘自一九七四年，慈濟的八周年慶。當時來精舍打佛七的民眾雖只有六十多位，卻已是上人預估的三、四倍了！對照時間、空間、人與人之間，不難體會上人如今的心情。

「一天八萬六千四百秒，每一秒的關卡都要過得去，才能順順暢暢地走到現在。慈濟已邁向第四十四年，範圍從小木屋的方寸開闊到全球四十八個國家。我在分秒中感恩，在方寸中感恩。雖然有很多『來不及』的感覺，但每個『來不及』都累積著感恩的心。希望大家都要有『來不及』的觀念，才不會等明天再做、明年再做，讓生命在等待中空過。」

上人領著全球弟子持誦《藥師經》，面向佛陀的莊嚴背影也好像在說法。師父領進門，修行在個人；在修行的路上，人人都終究必須孑然一身地面對自性佛、自性法、自性僧。

不適應社會，無法度人

二〇一二年四月二十五日，上人在主持藥師法會之前有個殊勝的聚會——同門的師兄弟與來自美國加州的淨華法師等約二十人，特地聚集靜思精舍與他歡度慈濟四十六周年慶。其中好幾位法師都已八十多歲，依舊神清氣爽，健康硬朗。

佛法就在生活中。高僧們互道家常。師伯說：「電視上天天看到你。」「未來有什麼新計畫？」上人答：「四大、八法就已經忙不過來了……」

年年、月月、日日、時時關照著人間的上人，到底何時才能擁有輕鬆的片刻？我想起了四月十三日下午，他老人家跟來自大陸十省的尋根團說話，其中一段充滿詩意，讓我記憶猶新：

心靜下來，周圍環境就會很清楚……精舍天未亮之前的景象，真美。我每天早晨天未亮就走出來，要講經。踏出來，站在走廊外，抬頭望天空，想到釋迦牟尼佛，宇宙大覺者，他的智慧就是這樣無邊無際。周圍環境很寧靜，站在那裡，靜靜聽大地呼吸，旋律之美啊！還有，靜靜的看著，每一顆星星離我多麼多麼遙遠。好像聽到佛陀在為大地說法……

我坐得遠，沒能明白師長們還聊了些什麼，倒是清晰地聽到上人說了一句：「不適應社會，無法度人。」

3

真實道，人間路

唯有愛

「要好好帶領新人、培育人才，像母雞一樣，把羽翼下的蛋孵出來，一窩孵完再孵一窩，絕對不能鬆懈。我在佛經上從沒看過有菩薩退休的！」

二〇〇三年三月十一日清晨六點多，上人即將搭早班火車回花蓮。慈濟臺北分會聚集了來送行的弟子，資深師姊們圍坐師父身旁聆聽開示。儘管氣氛溫馨，大家也不免心懸美伊戰爭即將開打。

據專家分析，湧入鄰國約旦的伊拉克難民將達上百萬。上人未雨綢繆，舊曆年初已請慈濟約旦分會負責人陳秋華師兄擬定援助計畫，同時也指示在美國的弟子近期避免搭機外出，多多舉辦愛灑活動、就地安撫人心。急難救助金幾天前已電匯約旦，其他物資調集此刻正在進行中。

發心捐贈一萬五千條毛毯的蔡秀敏、張瓊文兩位師姊及時趕到，請上人查核樣品。慈濟標幟上的英文翻譯已遵照上人指示改為阿拉伯文，以免難民觸目傷心。

上人以手心手背輕撫毛毯、再檢視標幟繡工，囑咐將綠色換成灰色，好跟深藍色的毛毯協調。

這一幕讓我憶起，幾天前上人在接到思賢師兄的越洋電話、得知美國極可能攻打伊拉克時，面容浮現的憂懼與痛心。然而，在深嘆一口氣後，他只說了這麼一句：「我們還是要樂觀奮鬥，要虔誠祝福！」隨即起身安排救援事宜。

此刻看著師父輕撫毛毯，我的信心油然而起。薄薄的毛毯雖無法抵檔槍砲，卻是人類的希望所繫。如同上人所說：「唯有愛才能化解仇恨，唯有啟發善心才能阻擋人類繼續往下沉淪。」

盡人事，聽天命

二〇〇四年十二月二十六日下午，大浩劫的消息傳來，上人隨即自新店慈濟醫院工地返回關渡園區坐鎮。隨著南亞海嘯的罹難人數一再往上跳，老人家的心情不斷往下沉，牢盯著災區地圖，神情有如聽到了萬里之外的哀號，談及失去一切的災民，數度為之哽咽。見上人傷心，弟子們無不惶恐，只盼師父一聲令下，好即刻動員為災區送愛。

當時正逢歲末祝福，行程緊湊，一路由北往南，上人把「南亞賑災協調中心」的工作人員帶在身邊，隨時聽取簡報、指揮作業。海報與愛心箱的設計圖在最短時間內已布達全球，海內外弟子紛紛來電、面稟，請上人莫要擔心，大家都會努力打拚，當師父救苦救難的後盾。

全球三十幾國的慈濟人隨即展開募款行動，二〇〇五年一月二日那天，頂著刺骨寒風走上街頭的慈濟人，僅臺灣地區便高達一萬兩千人。上人殷殷叮嚀，等待救援的災民非常多，因此需要相當的物力，但最重要的還是「募心」。

「師父四十年來所做的一切，為的就是淨化人心，期待大家不僅要喚起社會大眾的善與愛，還要持續不斷地以清流灌注人心。所謂『盡人事，聽天命』，到底人事該如何盡？那就是『淨化人心、順應天理』。人道逆向，天道自然會有亂象；人倫道德喪失，天命又如何能好？」

走過一城又一城，上人在主持每場歲末祝福時都一遍又一遍地告訴大家：

「一分愛、一分善就是一分福。積善之家必有餘慶，社會有善，能慶幸的事一定多。為了我們的下一代，好事一定要多做啊！」

慈航啟動

「落地皆兄弟，何必一家親。佛視眾生如一子，我們不只利益自己的社會，也要關懷、幫助天下的眾生。別人有難，我們要扶他一把，讓他站起來後再去幫助其他人。」上人強調，這是一波前所未有的大災難，需要慈濟中、長程有計畫地救援，期待能讓災民「安心、安身、安生活」。

「發心立願，要發觀世音菩薩如慈母般的大愛之心、立地藏王菩薩地獄不空誓不成佛的堅毅之願。苦難眾生有如在地獄中受煎熬，慈濟人要聞聲救苦難，到災區膚慰陪伴；走在最前、做到最後，不把災民安頓好不離開。」

南亞海嘯災情最慘烈的就是印尼與斯里蘭卡。慈濟人在印尼的行動力已具相當規模，與斯里蘭卡卻尚未結緣。上人決定直接支援這個與臺灣面積差不多、又同是海島的佛教國家。醫護人員與志工所組成的勘災義診團於二〇〇四年十二月二十九日出發，目的地是受創極深的漢班托塔。

行前，上人竟向弟子們深深一鞠躬，感恩大家「愛師父所愛、做師父所想做」，讓有些人不禁紅了眼眶。上人強調，大家安全，師父才會安心。出門在外，不但要處處小心謹慎，也要好好照顧結伴同行的媒體記者。

就在這一天，上人宣布，慈航已啟動，要載著大愛的種子灑向全世界，將苦難眾生從苦海中救拔出來！

人生無常，國土危脆

「人生無常，國土危脆，人類的處境一天比一天艱難。以前的人勤儉保守，即使沒有積福，也很少造業，而現在有的人為了享受，可以不擇手段去取、去鬥，彼此互相傷害。眾生共造惡業，大地就會反撲，天然災害就會很大！」

上人的告誡言猶在耳，二〇〇九年八月即發生莫拉克颱風，寶島受到的創傷甚至超過十年前的九二一大地震。災情慘重。小林村遭土石泥漿掩埋；萬丹、東港、林邊等地幾乎無一戶能倖免，只是受創程度有別。潰堤、走山、河川改道，打拚一輩子的家業一夕之間全毀，或許還要背債。災民斷水、斷電、斷糧、受困，在精疲力竭之餘還要強打精神整理家園。

八八水災發生後，慈濟人將擔憂與關懷化為具體的救援行動，第二天便進入災區，不但設服務定點，也到家家戶戶訪視，將急難救助金與上人的慰問信送到受災鄉親手中。屏東分會廚房淹水，師兄師姊們露天架起鍋爐，立在水中炒菜、煮飯，兩天內製作了近萬分便當送達沒水沒電的災區。

上人號召民眾到災區幫忙清理環境，截至八月十四日，全臺已有三萬人次前往。每天仍持續有上千名中、北部師兄師姊搭高鐵、遊覽車前往。然而，光靠慈濟人的力量是不夠的。災情慘重，上人在電視上呼籲，這是人人都要盡一分心、出一分力的時候：

「哪怕無親無故的人，也是我們的生命共同體，同樣與大地共生息。哪一方有難、哪一方受困，我們都要去援助。這就是愛，這就是希望！」

在苦難中長養慈悲

二〇〇九年九月七日上午，上人在高屏重災區巡視，沿路塵土飛揚，怵目驚心的景象處處可見。房屋倒揪、汽車土埋、良田流失；經過林邊時，路旁用沙包堆起的臨時堤防有如無聲警示：災難隨時可能再來！

協助災後重建的路並不平坦，上人頂著烈日、踏著泥濘、穿過雜草，領著大家一步一步往前行。面對重重考驗，上人給弟子的寶貴訓示是：「在苦難中長養慈悲，在變數中考驗智慧，在繁瑣中學習耐性，在複雜中欣賞優點，在理想中追求進步，在人我中相互感恩。」

一路從北到南，上人毫不耽擱地為受災鄉親規劃永久居住空間。在原住民部分，除了豐年祭場地與子弟學校，還將興建天主教堂、基督教堂，希望除了安身、安心，還能做到讓他們安學、安居、安生。

「政府支持重建政策，企業護持災民就業，慈濟勇於承擔。八八水災舉世矚目，我們要建立一個國際典範的節能減碳綠色社區。」

為了往後救災工作的安全性並提高效率，上人在南下之前囑咐人援會研發裝備。兩星期後再回臺北，師兄們已準備了一大袋工作服、雨靴和擋風、吸汗、易去汗的布料來向上人報告。除了分析、比較各式清泥工具，還帶來配置太陽能軟版的玻璃纖維組合屋模型，作為建立災區指揮中心、醫療站及膳食作業區的參考。

上人指示，比較急需的是運送人力、物資的行水工具，以及身鞋相連、吹氣即可浮於水面的輕便防水工作服。若能盡快研發出便利剷除室內汙泥的可攜帶式小山貓，那就再好不過了。

每次災難都有不同的考驗與需求；從事慈善工作雖已四十三年，上人依舊時時在為可能來臨的災難做預備。

KATO

一脈相承

二〇〇九年十月下旬隨師到南部，發現有些師姊講起話來，竟不知不覺帶點兒原住民腔，可見她們對山裡下來的受災民眾陪伴有多勤，用情有多深了。

住院生產的婦女她們去探望、幫忙坐月子，落落寡歡的孩童她們設法搞小三輪車，還到處張羅特殊體質幼兒習慣的奶粉。村民的山上老家海闊天空，打開門就是青山翠谷，如今沒了家園、工作，蝸居在安置中心的鬱悶可想而知。師兄師姊親人般的陪伴，讓其中一位感動地如此表達：「我們的脖子好像被綁起來，你們幫我們剪掉繩子了！」

災區的孩子們在和春技術學院集中上課。朱妍綸師姊領著一群退休老師去輔導一所國中、五所國小的學生；舉凡繪畫、直笛、律動、國術、英語、氣功、瑜珈、紙黏土，什麼都能教。剛開始，天真頑皮的孩子還說：「你們怎麼這麼老啊？」

可到了後來，年輕義工被精力充沛，整天跳上跳下的他們打敗了，師姊們卻照樣從早到晚，每星期來四天。校長於是感嘆：「還是老的管用，薑是老的辣啊！」

上人於二〇〇九年十九日、二十四日分別到高樹鄉、玉井鄉，對照建築圖實地瞭解與即將興建的大愛村環境。受災鄉親聞風而來，孩子笑得燦爛，大人卻紅了眼眶。見到師父對他們殷殷垂詢、關懷打氣，就會明白，慈濟人對苦難民眾的呵護與疼惜，實為一脈相承，其來有自啊！

用智慧付出

二〇〇九年十月二十一日下午，上人視察高雄縣杉林鄉的大愛園區工地，步伐快得讓隨師眾幾乎要小跑步才跟得上。

上人用心良苦，請建築師在規劃園區時，要舒適與安全並濟，環境與生態兼顧，文化與信仰皆尊。儘管如此，興建計畫卻因種種因素重重糾葛，無法大幅推展。幾個月來，師兄師姊們一鄉一鄉地調查，一村一村地統計，參加過的協調會、說明會多到數不清。

「要開路，枝枝節節難免。沒有坎坷，不是有價值的歷史。」上人說：「我們『給』的方向不改變，決心不動搖，但要用智慧付出，不要因事相而偏入非理性的方向。此次災民多來自山區，山已崩，家已毀，未來山林需要長期養息，讓鄉親們遠離危險地帶，在安全的地方永久安居樂業，是我們大家的使命。」

記得上人曾說，所謂「一善破千災」，不是一人一善，而是很多人的一善一善合起來，就可破千災。佛陀告訴我們「眾生共業」；眾生會共造惡業，但也可以集聚善業。本來造禍，轉一下就變成了造福；本來自掃門前雪，化為大愛，就能顧及普天下的安危。

二〇〇九年十一月十五日，大愛杉林園區的動土典禮於總統、行政院長、立法院長、縣長與各方貴賓的親臨祝福下，隆重祥和地完成。預計在農曆年前，首批的六百戶居民就可入住這片前有觀音溪、後有觀音山的美麗園地了。

向善的可能

二〇〇三年三月三日，上人隨時藉由電話關心阿里山受難者的救援情況，中午一抵達大林慈濟醫院便在林俊龍院長的陪同下聽取簡守信副院長的簡報。此次災難共計十七人死亡，一百七十九名輕重傷，在大林慈院接受治療的有五十五名。

在雲嘉南幹部會議和慈誠、委員聯誼中，上人一一聽取師兄師姊們膚慰傷患與家屬的報告。一位婦人全家只有她和小兒子倖存，劉雪華師姊陪著她與往生的婆婆坐救護車下山。

車子開得飛快，山路崎嶇顛簸，婦人哭聲淒厲。暈車的劉師姊不停地為亡者念佛，一手摟著生者，一手拿嘔吐袋，眼見遺體晃動不已，只好用雙腳抵住阿婆的肩膀，虔誠默禱：「我不是不敬，而是怕您老人家的亡靈不安啊！」

在後來的許多場開示，上人說自己被弟子們「視受難者如親，視亡者如生」的愛心深深地感動了：「菩薩也不過如此啊！」

行程緊湊，上人雖疲累卻執意探望傷患，鼓勵他們今日有幸被救，來日也要把握機會救人。在小男孩天真無染的童顏上，我看到了無限向善的可能。

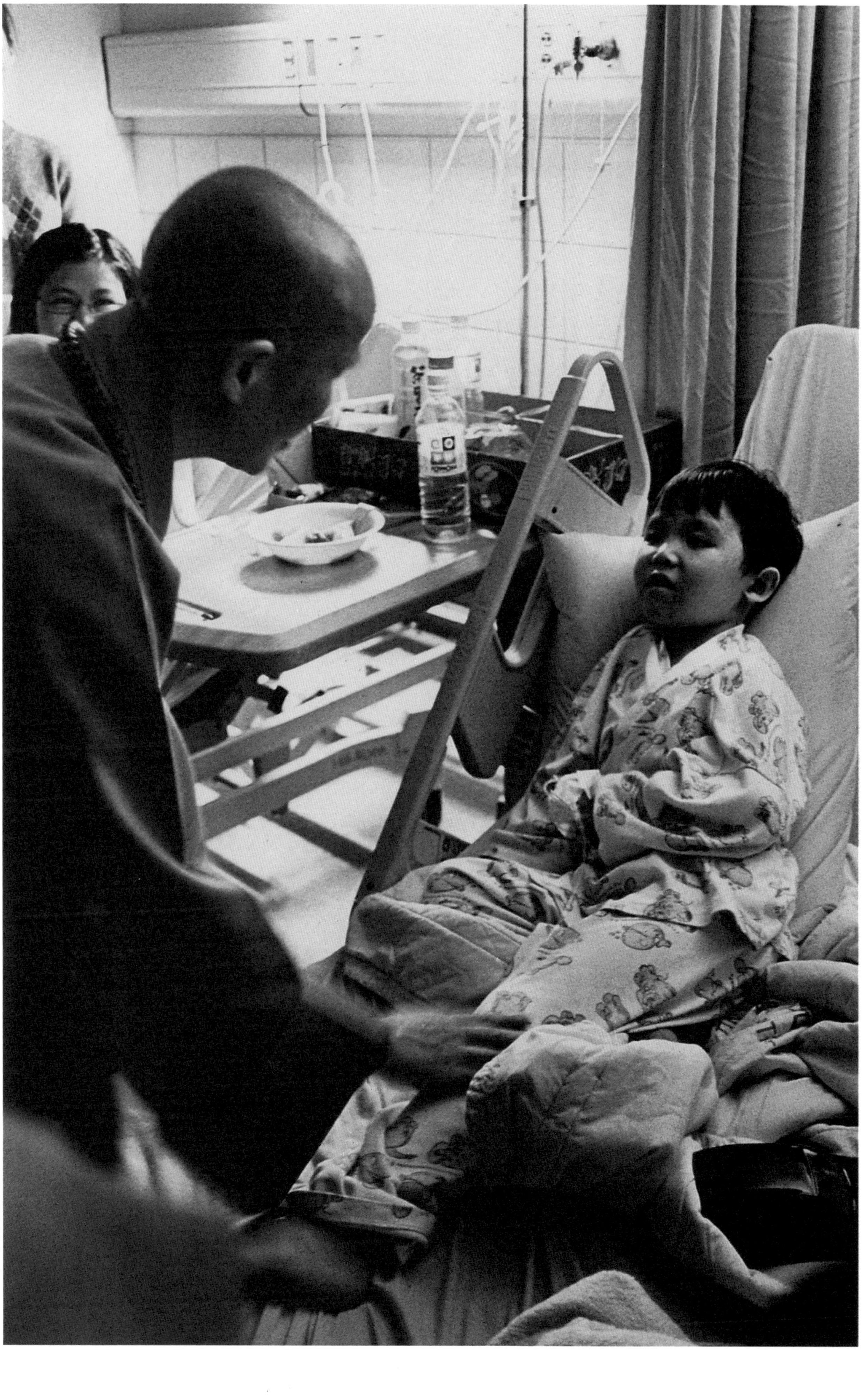

人人的世界都明亮

二〇〇四年的國際慈濟人醫會年會於九月二十五日開始，中秋夜照例是高峰。靜思堂廣場布置得溫馨又雅致，感恩晚會結束後，大家步出講經堂一塊兒賞月。

數十張小圓桌上的燭光一盞盞亮起，天空卻仍然濃雲密布。

月亮呢？月亮出來沒？

玉兔終於露臉，但就那麼一會兒。妙就妙在，當時上人剛好入座，老人家一離席，它又躲起來了！趁著奉茶時刻，義忠趕緊蹲下將光圈調到最大、以膝蓋頂著手肘以免晃動、停止呼吸，才在這暗得幾乎不可能曝光成功的情況下，捕捉到了這張滿好的照片。一定是菩薩聽見了他的祈禱！

天上明月為證，人間有這麼一群無私無我的人奔走於地球各角落，為天下苦難人醫病、醫心。上人身後是慈濟醫療志業體的主管們，右後則是馬尼拉崇仁醫院副院長呂秀泉。呂副院長為天主教徒，一九九五年開始組織醫護團隊前往偏遠地區義診，畢生心血奉獻於菲律賓醫療，並帶動許多當地年輕醫師投入慈濟人醫會。

一九九六年中秋節，他領著一群菲律賓醫師與志工回到心靈的故鄉——靜思精舍，自始開啟國際慈濟人醫會在每年中秋舉辦年會的因緣。斯人已於二〇一二年與世長辭，但關於他的事蹟已成慈濟發展史的篇章。

在愛與溫馨的氣氛中，上人殷殷叮嚀——月亮並非年年中秋才亮，也不是每個月農曆十五才亮。不管在哪個國家，月亮其實無時無刻不亮，天天、時時都可亮。

「看它又美又圓又亮，要把它放在心中，內造光明，再用心中之月去照亮別人，讓人人的世界都明亮！」

有情天地

慈濟醫院臺中分院快要啟業了，任務是發展以神經醫學、心臟醫學與癌症醫學為主的預防醫學。上人於二〇〇六年十一月三十日早上前來巡視，同仁們已各就各位、展現慈濟人文；「竹筒有空間，日存五毛錢」、「慈濟醫療，你我手牽手」等歌曲朗朗上口，連手語也比劃得有模有樣。

上人的欣慰寫在臉上，感嘆二十多年前，有任何期待都不敢說，只要有人願意來花蓮救人就好了。如今，醫、護及同仁們個個願為新家出一分力，有的鋪連鎖磚、有的打掃各科室，麻醉科陳醫師還整個人鑽進桌底擦洗，真是縮小自己！

候診室延伸出來的戶外空間，景觀已大致完成。藥草區內的植物有好幾十種；蓮花池畔花木茂盛，負責規劃的陳教授說，全臺灣不超過十株的魯蕨，在這兒就有三株。

山丘和路邊的小花五彩繽紛，多得數不清，遠看像成群蝴蝶，近看發現好多真的蝴蝶也在花間飛舞，湊熱鬧的還有蜜蜂和蜻蜓。

上人靠近時，忽然不知從那兒鑽出一陣風；百花齊伏，彷彿問訊，又轉呀轉地好像在跳舞供養上人。「好啊，萬物皆有情！」老人家無限喜悅，向花兒們合十、答禮，景況奇美！

在這有情天地，連路邊的含羞草也好有福，那天還蒙上人蹲下來摸摸頭！

慧命師父給

二〇〇八年三月三十一日早上八點多，上人從慈濟醫院大林分院出發，在前往雲林聯絡處的途中，下車看看大醫王們閒暇所種的那畝田。田邊長著雪白的梔子花，林俊龍院長摘下一朵獻給師父，大家開心地直呼：「供佛囉！」

綠油油的秧苗看來生氣盎然，上人走近一瞧，卻說田快乾了。

一路從東往南而北，上人觀機逗教，希望弟子們明瞭，宇宙萬物需要水的滋潤，人的心靈需要法之洗滌。「生命父母給，慧命師父給。師父沒有懈怠，早也講經，晚也講經，告訴你們一寸，希望你們能走一尺。走對了路，就能皆大歡喜，捨一切煩惱。得到了法髓，就可自己製造新血，讓慧命不斷增長。」

老人家切切叮嚀，人生在「加」、「減」中度過，若是有「減」無「加」，就太可惜了。生命過一天少一天，「減」雖然是自然法則，但我們也可讓「加」成為自然。接法入心，自度度人，慧命自然日日增加。

「醫師用生命搶救生命。我們有沒有力量搶救生命？有的，我們用『心』。心力是什麼？那就是『法』。清淨之法開啟智慧，讓愛心更開闊。」

真實道，人間路

二〇〇八年六月二十五日，清晨七點不到，上人已在慈濟關渡園區開會了。七點多，會客室樓下掀起陣陣笑語，原來有嬌客來臨。靜思書軒旁，一群師兄師姊圍著來自菲律賓的連體嬰與他們的母親。大夥兒你一句我一句地揣測，上人會為他倆取什麼名字。

小兄弟倆總是一個睡一個醒，為了照顧他們，瘦伶仃的媽媽每天只能睡一、兩個小時。此番在慈濟的幫助下跨海來臺，一切有人照料，安心地彷彿回到了家，滿臉盡是幸福。母子仨明天就要去花蓮慈濟醫院了；醫護團隊將先把孩子們養壯一點，再開始進行一連串的縝密評估、醫學步驟，讓兩人安全分離。

上人暫停會議，來到嬰兒面前仔細端詳。才四個半月大的兄弟倆，身軀好小好小。哥哥 **Adrian** 身體比較強壯，弟弟 **Aron** 則是心臟不好，小臉透著青黑。上人牽著他們的小手，一一對他們說：「你要平安喔！」「你也要平安喔！」

兩個小寶貝竟然同時醒過來，看著上人直笑，聽到上人的祝福，還咿咿喔喔地回應。上人對哥哥說：「你比較強壯，所以要包容。」對弟弟說：「你要善解喔，心要好，要做好事！」「包容」與「善解」，就是兩人在慈濟家庭的名字了。

這些天來，上人數度開示，靜思是真實道，慈濟是人間路；修行要處群入眾，把天下蒼生視為至親至愛，自然能心胸開闊、包容天下。

「要保護眾生，得先保護好自己的心。法親之間，要比就比智慧、比大愛；比誰更愛誰，比誰更能包容誰。」

上人時時將手伸向苦難眾生，永遠以法身須臾不離地牽引著我們。

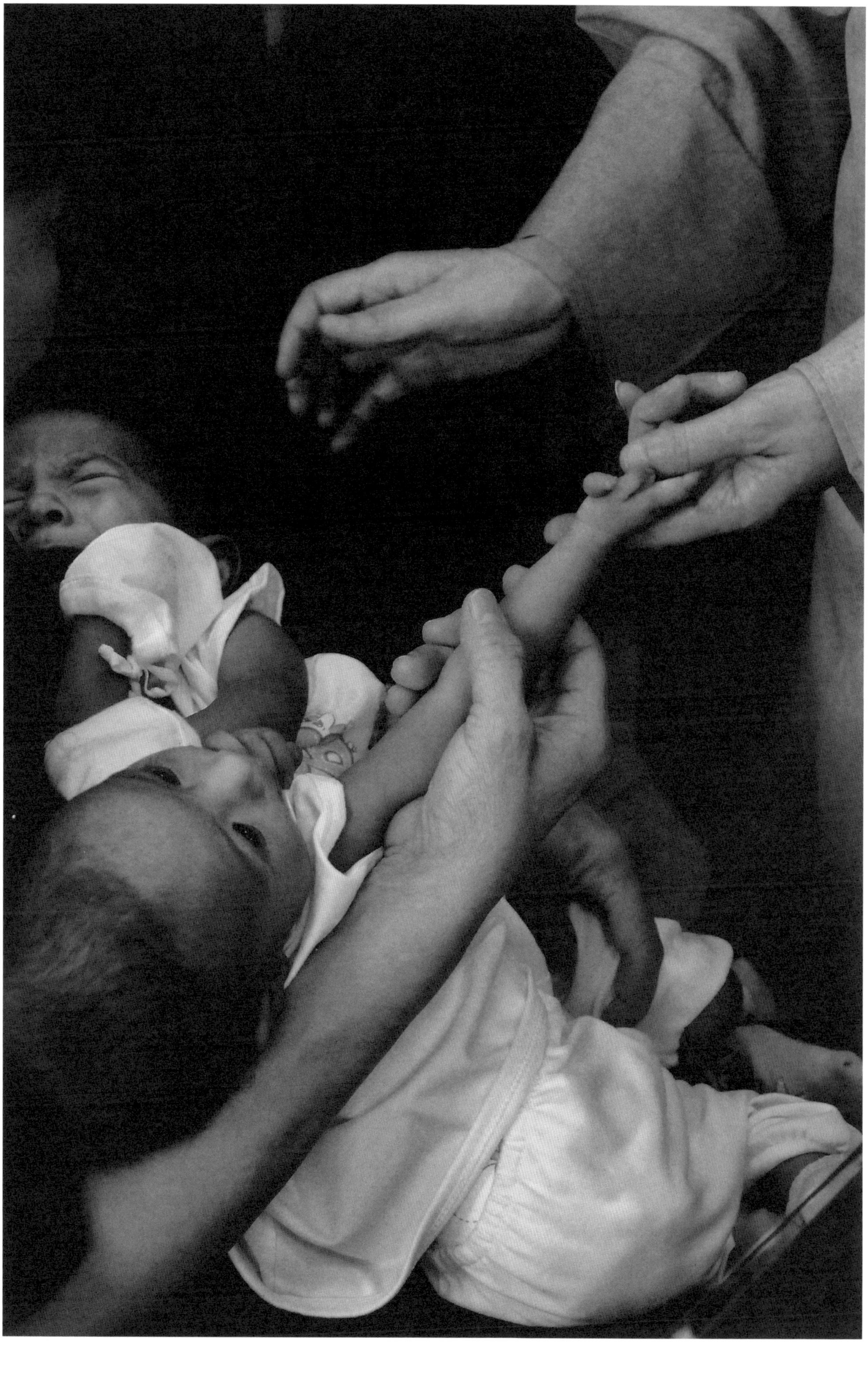

菩薩世界的美妙

二〇一四年十月十七日，一早回靜思精舍，才進門就看到幾位師兄在排椅子，原來，准慈誠、委員們會在心靈故鄉與常住師父合影，等於是戶口登記啦！

隔天為陰曆九月二十四日，《藥師經》的清朗唱誦繚繞四方。前往大殿開示之前，上人見到恢復情況良好的陳團治，喜悅之情浮現臉龐。這位勇敢的小姑娘在醫護同仁與志工的陪伴下，放開助行器，緩緩走了幾步，來到上人跟前。

老人家慈愛地牽起她的手，凝視那裹著石膏的小腳：「好漂亮誒，痛嗎？」

陳團治在廈門農村長大，因罹患「先天性雙膝反曲」，雙腳呈L型，腳底無法觸地，從小就無法正常行走。然而，身為長女的她卻是家務一肩扛，一點也不輸四肢健全的人。來到臺灣後，半年多內經過七次手術，於上個月矯正好右腳的「馬蹄足變形」後，開始練習站立、行走。

「這樣的痛，值得嗎？腳底二十六年來未踏過土地，第一次踏時有何感受？」上人要團治坐下，說醫師護士都把她當寶，時常回來報告最新情況：「尤其是陳英和院長，每次手術前都會回來告訴我，這次要從哪裡開、為什麼這樣開。」

醫療團隊在圓滿第一次膝關節切骨手術後，便為團治量身打造復健計畫。從拉筋、肌力訓練到踏上學步機，樣樣都辛苦，她卻不但能忍痛還使復健進度超前。海峽兩岸都有人來探望，收到祝福紅包，她便捐給慈濟：

「我希望把這分福轉出去，幫助其他需要的人。」

善的循環，福的循環；菩薩世界的美妙，在慈濟到處都能感受得到。

4

大愛遍婆娑

火車裡的上人

二〇〇三年三月一日，上人從花蓮搭火車來臺北。我們提前到松山站接駕，上車便見他老人家神情凝重，專注地讀著手中ＰＤＡ。五天前新疆發生大地震，美伊戰爭隨時可能爆發，剛剛又接到嘉義弟子的電話——阿里山森林鐵道翻車。地球的任何角落發生災難，都會擒住師父的整個心神，念茲在茲，想方設法伸援。

十天後行程圓滿，上人從臺北搭火車回花蓮，我們又多跟了臺北到松山這一段，把握機會跟師父說兩句。

「搭火車會讓您憶起小時候對遠方的憧憬嗎？」

上人搖頭，說少年時代的生活空間就是小小的「家」，真正有旅行感覺，是請求了好幾次後才獲得的日月潭之遊。

「那麼難得的旅行，一共幾天？」

師父笑笑，舉起食指：「就那麼一天、當天來回。」

「坐火車時無人打擾，算不算是您百忙之中比較輕鬆的時刻？」

聽我這麼問，師父輕嘆，指著膝頭上的一疊報紙：「我的心，是隨著它而起伏的！」

中國時報
兵役少兩個月
水價可能調漲

秒的軌跡

「我對一切都滿足，唯一感覺不足的就是時間。」

上人提醒大家，一切全是時間的累積；今天是過去的成果，過去是今天的歷史。慈濟若不是經過三十九年分分秒秒、日日月月的累積，如何能從最初的三十支竹筒，搭建出如今的四大志業、八大腳印？

「每天所做，就是那天的成果；一天不做，當天就沒有所得。」

二〇〇四年九月的這趟旅程，上人以「生命的貯存槽」為譬喻。人人都有一個貯存槽，槽中每天出現八萬六千四百秒供我們使用，到夜晚休息時便清槽，沒利用到的秒自動消失、絲毫不留。

「每一天，我們一舉手、一投足都是在消耗這些秒；若是懂得把握，將秒秒都換成善行，便可為自己累積福德。」

「秒」是什麼樣子、可以如何表現？義忠有了想法，刻意在非常暗的光線下捕捉沉思中的上人；將相機快門速度調到一秒、摒息按下。底片捕捉了肉眼無法察覺到的、上人在秒與秒之間微動的軌跡，或許只是一個呼吸。

照片洗出來後，我凝視著畫面，彷彿聽見上人清脆的聲音：

「把握當下、恆持剎那，每一秒都是千秋百世的志業！」

三個好

「做『我』實在是很可憐，都沒有自由……」

每天從早忙到晚的上人，有時也會這麼幽幽地表示。

於是，二〇〇八年六月二十六日那天沒安排任何行程。車隊悠哉悠哉地往南開；近中午，方圓十幾公里內的各慈濟聯絡點紛紛打電話來，懇請上人駕臨用膳。

到底要去那兒用餐呢？老人家彷彿一想到就滋味無窮：「以前我都是在海邊或大樹下吃便當，一碗炒飯或炒麵，配上幾粒花生米……」

謎底揭曉，近十二點半抵達慈濟三義園區山頂。上人也不急著用餐，先在各處走走。茶園、林園都有志工分區領養；一列列工整的茶樹叢中種著綠葉黃花的蔓花生；師兄說，它既能保溼顧水土，又會釋放茶樹最愛的氮。相思林中的空曠處，大塊大塊的巨石與枯木躺在紅泥上。四周的小樹叢開滿紅色、綠色、黃色的小圓果，粒粒珍珠大小，名字特別好聽，叫玉珊瑚。

七、八十人共享一大鍋湯麵、一大鍋筍湯。樟樹林裡涼風徐徐，師兄們將大圓桌和木椅安置在樹下，安坐於石凳上的上人卻說：「我坐的這個位置最好！」

有道是「偷得浮生半日閒」，上人卻半日也不可得，餐後便啟程前往慈濟臺中分會。在那一個多小時內，愉悅的老人家起碼說了三個「好」。

在藥草區望著綠毯般的草原和那棵「獨立樹」：「來這裡搭個小屋，好舒服喔！」在林間遇到赤腳的工人：「好羨慕，要是能脫鞋走走多好！」

眾生歡喜，佛就歡喜。佛若歡喜，眾生就喜上加喜囉！

業障如何消

復習二〇〇九年三月的筆記，看到上人說：佛陀說法應是直指人心，講大家聽得懂的、可以用的，不可能深奧、複雜。

「大家未入慈濟之前，各有生活習慣，因與師父有緣，聽到師父的話，很多習氣改過來了，這都是讓師父很感動的。面對芸芸眾生，我別無所求，只希望大家改正習氣，人生幸福，往正確的方向走。」

弟子恭問如何消業，上人開示：「業障誰無？即使佛陀踏到木刺，也會發燒到昏迷。人人本具佛性，但佛『覺』我們『迷』，這就是清淨與汙染之別。汙染就是業。業能消嗎？與任何人有緣，我歡喜，但不動戀心。沒緣，則要提高警覺，不再結惡緣。如此，每分鐘都是在消業。」

最要緊的就是回歸無所求的清淨本性。上人指出，很多苦都是從過去生帶來的；結過的緣，無論好、壞，成熟了就會來。心平氣和、不被牽引，業就消得過：

「做好人，走好路，做好事，就會平安。心寬不傷人，念純不傷己，業障現前，甘願接受，業力自然過。感恩心消業障；時間一天天過去，覺悟者每秒都在消業障，執迷者每秒都在造新殃。」

提天下的菜籃

義忠隨師行腳所攝製的底片，從沒放大過的好照片不少。把它們從影像檔案中找出來，純粹就藝術性角度來欣賞，會格外有意思。攝影有自己獨特的語言和技法，能表達文字或資料傳達不了的氛圍與象徵意義。有時解說文字愈少，影像的感人力量愈強。

但從記錄性角度來看，每張照片的拍攝日期都提供一個重溫上人教誨的線索。找到師父在某個時刻、某一天或是那前後所說的話，再回過頭來看照片，感覺又不同。在不一樣的時空，《靜思語》總能帶來新的啟發。

就拿二〇〇二年四月十六日，上人到慈濟茶園的那天來說吧。記得天氣很好，上人的心情更好，不但戴起斗笠，到茶田中摘了「兩葉一心」，還於一塊巨石前佇足，觀看類別不同的許多昆蟲在上面爬來爬去，各有奔忙方向。

「這些小蟲雖只是小生命，卻都很有靈性，同在一顆堅硬的大石頭上，卻能和樂共處，互不相礙。人與人之間不也該像它們一樣嗎？」

那天也是我第一次親耳聽到上人講「提天下菜籃」的故事，說當年他雖年輕卻不服氣——為何女人的幸福只能繫於一個家庭之中？

「與其拿一個小家庭的菜籃，我倒不如去拿天下的大菜籃。可是，不捨小愛，又如何能挑起大愛？」

當時的我隨師不久，不但尚未開始寫《隨師行腳，攝影筆記》，連頭髮都還是短的。但進入慈濟愈久我就愈相信，上人這一世化為女身，就是要啟發所有的婦女：除了照顧家人，我們還有為全天下付出的能力。

大愛遍娑婆

「眾生依賴著大地而生，我們應膚慰地球。欲讓地球休息，首先要節流——不過度開採，並致力於資源回收再利用。如此不但能避免地球資源枯竭，還能減少汙染。」

二〇〇八年農曆初一，慈濟國際人道救援會的成員到靜思精舍向上人拜年，特地帶來寶特瓶抽紗所製的白布及口罩樣本。師兄們合作無間，林文仲負責從寶特瓶抽取聚酯紡織纖維、羅忠佑負責紡織布匹、黃華德負責成品製作。

「環保菩薩回收資源這麼辛苦，我要用寶特瓶為他們做口罩，保護他們的健康！」上人愉悅地拿起口罩試戴，愉悅地表示，除了要透氣、舒適，還應該除臭、防菌。華德師兄只有傻笑：「師父，您好厲害喔！」

全臺慈濟環保站回收的寶特瓶，在第一階段已製成六萬條賑災毛毯。依上人的構想，待研發的項目還包括賑災志工穿的衛生衣、藍天白雲制服、夾克等；除了輕薄保暖、耐髒好洗、冬暖夏涼，還必須經濟實惠。

記得過年前黃師兄向上人報告「慈濟品牌」的理念，建議所有慈濟再生產品皆貼識別標誌，提醒人們，在成品背後有無數感人的故事。

的確，「慈濟品牌」來自成千上萬人的無私奉獻，不但代表一股龐大的善的力量，也見證了一群企業家回饋社會的使命感。

二〇〇八年一月十九日在慈濟關渡園區，師徒們商討標誌設計，上人興味十足地將一葉菩提在地球圖案上挪動。畫面的象徵意味濃厚，有如上人把清淨覺悟的大愛遍布娑婆。

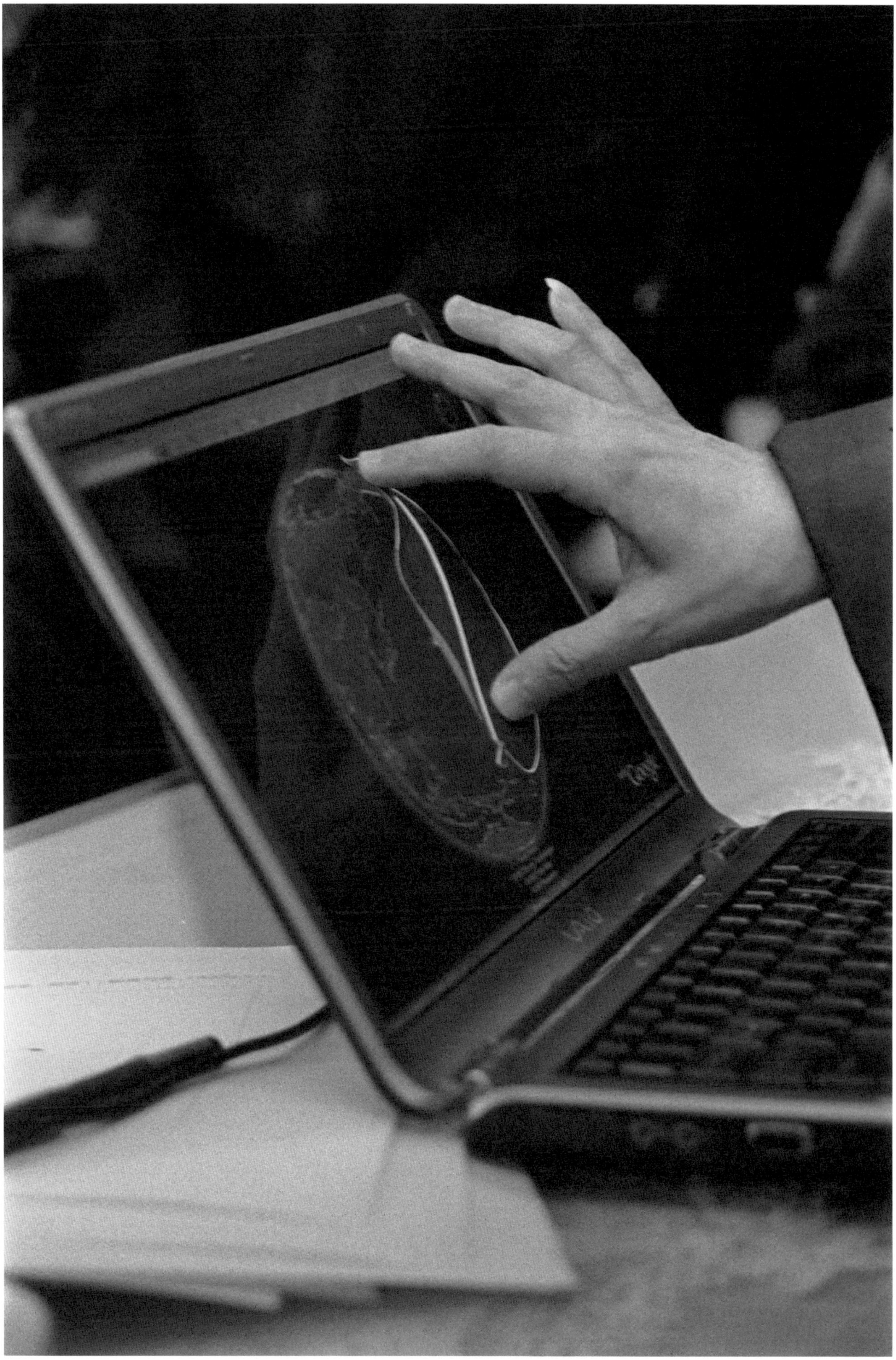

初發心

臺中的法親們回來精進七天，每天出坡、種菜、與常住同作息。二〇一三年四月十四日上午，上人審視弟子的成長、分享他們的感受，欣慰寫在臉上。

「凡夫看到的都是利益，師父看到的都是善緣。」

師兄、師姊紛紛表達，跟著常住師父做工，才赫然發現法就在身邊，只是平日不覺。比如說，雜草就像習性，剛冒頭時不拔，等伸展到很遠，就是非常用力也難以拔除。一般都會倒掉的洗米水、洗紫菜水，與其他東西加在一起竟能成為利益蔬果生長的堆肥。又如，菜苗之間要保持適當距離，否則長不大。而栽種時要用力按進土裡，根才會深，否則一陣風雨過後，菜就歪掉、折掉、趴掉了。

上人開示，我們菩薩大招生，最先要招呼的就是自己內在的這尊菩薩：

「有人問，如何能從無到有？師父的祕訣就是在初發心。我永遠是在師公給我那六個字時的心境，常常自問：你做到沒？答案是：還沒！」

初發心是最好的，上人說，發願做慈濟的那念心就是最好、最單純、最耐久的。這念心顧不好，就如馬達的螺絲鬆了，必須不斷鎖緊才能繼續轉動；關鍵就在能否守志不動：

「慧命是無窮盡的，百千萬劫就是從現在這一念開始。百千萬劫前的那一念延續到此刻，我們現在要將它延續到未來。」

走筆自此，耳邊又響起他老人家鏗鏘有力的提醒：「每天要自問，我的初發心有沒有守住？有沒有做到？做不到的，來生來世繼續做！」

二〇〇八年四月六日，上人在關渡園區端詳蓮花燈。義忠趁機捕捉了這個寓意深遠的畫面，表達他老人家是如何呵護著弟子們的慧命。

關於三

「一般人看一花一草，是把它放在白紙上看。真正的觀者，是把它放在透明的玻璃上看；一花一草與自然背景、天地萬物仍然互相關連，處處都透露因緣生趣。雖然是花草，但也不只是單獨的花草而已。」

二〇〇九年二月二十二日，上人在慈濟臺中分會與師兄們討論建築規劃，把模型擺來擺去地思考。在他老人家觀來，每件東西的位置都要講究，每位弟子的教法各有不同，且無時無刻不是說法的好時機。

二〇〇八年九月三十日，上人在高雄會見鳳山地區的父母官，談到中元普度的真義時，以手指比出一個美妙的「三」。事隔一年，我已記不得上人比出這個手勢的確切原由，卻不禁聯想到，他老人家在平時所講有關「三」的好話和法數，十支指頭輪兩遍都算不完！

除了「三好：口說好話、身行好事、心發好願」「普天三無：沒有我不愛的人、沒有我不信任的人、沒有我不原諒的人」，還有三寶、三昧、三世、三界、三毒、三苦、三業、三慧明、三達朗、心佛眾生三無差別、一念無明生三細，乃至於大三災、小三災、三人行必有吾師、舉頭三寸有神祇……

上人殷殷叮嚀，這些都是修行要注意的。

然而，何謂修行？

上人警示：「注意外境來時的一念之間。」

合

上人跟弟子們分享心境，說回顧走過的歲月，感覺時間並不長；然而，四十多年前在母親懷裡的孩子，前些日子竟然抱著孫子來看他！可想而知，從前跟著做慈濟的弟子，現在年事已有多高。

「拓荒者為我們將坎坷路鋪成平坦，我們要以感恩心觀前顧後，時常回頭看看，老人家有沒有跟上來、走得穩不穩？」

四個多月沒出門的上人，於二〇〇九年六月十七日展開行腳，在全臺繞了一圈，一場又一場地開示，叮嚀大家要「合」、要互相關懷。面對疾苦的弟子，必定殷殷垂詢、囑咐治療，疼惜之情溢於言表。

最讓人感動的就是，許多師兄、師姊縱使遭受無常、病苦，也執意要把握付出的機會。上人讚歎，正如《無量義經》所言，即使百八重病常相纏，只要有一艘堅固的船，船師也可把自己和別人渡往彼岸。

「只要大家互相照顧，師父就會放心。」

老人家最欣慰的，就是看到年輕的陪伴年長的、健康的陪伴有病的。小港區一位師姊得了急病，先生卻遠在大陸經商。師姊們徹夜在醫院守候、輪流為她料理三餐。臺南一位師兄的工廠失火，法親們不約而同地趕去清理。有位資深委員的子女不在身邊，慈濟人在療養院找到了她，開始經常探訪。

記得上人曾說，血親是一生一世的緣，法親卻是生生世世的緣。這許許多多的例子說明，有時候，法親甚至比血親還要親！

法如流水無空隙

「你們回來啦，有什麼大活動要報導嗎？」常住師父這麼問。我答：「沒啊，隔一陣子沒回來就會想念。」院裡走一圈，卻發現活動可多著呢！

光是看得見的就有：清修士共修、妙音種子匯編《無量義經》、臺中法親短期精進、上人早年講經錄音帶整理；後院的花椰菜乾加工就更不用提了。整個靜思精舍興旺又忙碌，就像慈濟世界的小縮影。每個角落都有法輪自轉，彼此之間又如齒輪般相互牽連，共同轉動著中法輪、大法輪。

就拿清修士來說吧，他們是懷抱清淨心的修行者，以出家精神做入世志業，無家累、身心全然奉獻於慈濟宗門。上人對他們的開示，不啻為佛法精髓：

「人與人之間，愛恨情仇糾葛不清，於迷中不斷迷下去；所謂開花結果，實為苦果相纏。好緣纏綿是苦，惡緣令彼此冷漠相待亦是苦。唯有清淨光明的覺有情，才能真正拔苦予樂。」

天地違和，佛法是靈方妙藥。上人在二〇一三年四月十三日下午開示，當年印順導師只給了他「為佛教，為眾生」六字，他就一直做，直到四十七年後的今天還沒做完。沒有一天不感恩，整個期間不曾讓它有一點點空隙：

「法就是要這樣『入』。很密合，不能在時間、空間、人與人之間有空氣。法如流水，不能有泡泡，不能有風，要心靜如水，動了、搖了，就會起波浪。」

千言萬語，都是一個「不可懈怠」。

上人妙喻，血液中有空氣，氣泡流至大腦將血管堵塞便可能中風、半身不遂。法水當中若是產生空隙，也可能導致慧命中風啊！

被需要的人

二〇一二年六月二十九日在桃園靜思堂，上人得知，兩個多星期前市區淹水，送熱便當的志工一下車就被鄉親擁抱，直說我就知道你們會來！

「平時我們擁抱受災人，那天卻是民眾抱著我們。原來，慈濟人是這麼被信任、需要、肯定。」上人非常感動：「大家對慈濟這麼信賴，我們就要把雙手伸得更遠、更廣。一個人伸手不夠，還要再牽其他人。人人牽手護持，做眾生的救處、護處、大依止處。」

桃園不是特例。屏東的許多原住民，無論老少都管師兄、師姊叫「慈濟的爸爸媽媽」。在臺南，一位資歷三十多年的警官分享，每回在災難現場，老百姓聽到慈濟人來時的第一句話就是：「菩薩來了，我們安心了！」

每天平安過，要感恩。日日抱著感恩心過日子，就會造福。因為感恩時心中會醞釀出愛的種子。上人開示：善良與愛要從心地開始，時時感恩、人人感恩、事事感恩。懂得感恩，心地自然單純、充滿愛——就是福。福地福人居，福人居福地，哪怕土地震動、水會淹。

現在民眾都知道，有災難慈濟人便會送便當，認為理所當然。大事小事都會想到慈濟人，我們真的要感恩，因為被肯定與需要。慈濟人及時動員、及時付出、人人無所求，在社會形成一種和氣的愛的付出。

「謝謝說過就過了，感恩卻有一個因、一個心。凡事都有因，人與人的互動起自因、起自緣，要把這個因緣放在心中。看到世間苦難，要體會自己有福；世間有需要，我們去付出。知道我們是被需要的人，所以要感恩。」

走筆至此，想到義忠告訴我，在高雄隨師時於晚齋後散步。一位少女從老遠筆直地向他跑來，笑得極為燦爛，來到面前雙手舉得好高，要跟他擊掌。

那是位可愛的喜憨兒，義忠穿的是慈濟工作服藍天白雲。

碰到無常怎麼辦

二〇一五年二月，上人的歲末祝福行腳一站接一站，全臺「晨鐘起・薰法香」的成果也隨著他老人家的關注而呈現。幾乎每個地方都有一群勇猛精進的菩薩，天天四點不到就爬出熱被窩，在晨星、曉月的護衛下，頂著風寒前往鄰近的慈濟道場。

最老的九十多歲，最小的四、五歲，有人累積了厚厚二十二本，有人一記就是八年。不識字的學會了寫字，識字的則是字愈寫愈好看。小孩很多字不會寫，乾脆把上人講的故事畫出來。

他們透過視訊連線與靜思精舍同步做早課，然後聆聽上人講法。回家後，將記下的靜思晨語細細琢磨、體會，抄錄在本子上。從每篇字跡的乾淨、整齊，就可看出他們的恭謹與用心。

羅東、關渡、三重、板橋……每到一處，上人都會翻閱弟子薰法香的筆記，喜悅地表示，全球沒秒差。「我在花蓮講經，大家能同步看到師父、聽到師父。空間縮小、天天聞法，彼此愈來愈接近。心、佛、眾生三無差別。」

法親們為了省紙，字寫得一個比一個小，但都貼心地準備了放大鏡。上人笑言，有的用放大鏡看還不行，需要顯微鏡：「薰法、聽法、聞法；大家定下心力，才能把每一句都寫得這麼整齊。大家要好好做筆記，選拔出來，將來可以納入慈濟大藏經，讓它千秋百世。」

腦海浮出師徒共聚一堂的溫馨畫面，回想起他老人家的聲音：「勤精進這就是人間菩薩、可愛人生。不會做筆記不要緊，我們就認真聽下去，八識田中也可種下法的種子。」

一路行來，法親關懷的個案特別多。碰到無常怎麼辦？上人彷彿知道所有人的心聲，也給了大家最好的答案。「不要想『為什麼是我？』假如不是我，那又應該是誰呢？境界來，心要轉；心不轉，境不轉。來了就來了，心安、清淨，日子就會容易過，就是自我消業。否則，煩惱纏縛，苦不堪言。」

上人說，前生前世所寫的劇本，這一生只有照著它演完。不是身為慈濟人就不會發生疾病、意外，但大家有機會看到很多、學到很多，更能把法用在自身。

調人心調自然

上人搭了一整天車，二〇〇四年六月三十日從花蓮抵達臺北，隨即南下大林慈濟醫院，再於七月二日上午來到慈濟彰化分會。彰化、臺中預定舉行七天營隊，敏督利颱風卻猛然帶來豪雨，重創臺灣中南部。營隊延期，學員們依上人指示投入賑災，刻骨銘心地領受了「災區即道場」的教示。

七月三日雷聲隆隆、暴雨狂瀉。清晨五點半不到，上人已在彰化靜思堂內巡過一圈，默默佇立於會客室外的走廊窗前，凝神傾聽大地的怒吼。

人們貪圖近利，對大自然巧取豪奪。每每提及飽受創傷的好山好水，上人都當它們有生命、有感覺。

「人體是小乾坤，世界是大乾坤；小乾坤不調人就會生病，大乾坤不調世界就會有災難。天災出自於人禍，人心貪念不止，無論住在哪裡都不可能安然。惟有調好人心，讓人人回歸善的本性，才能調好大自然。」

這正是上人要弟子們落實社區，以法水勤加滋潤左鄰右舍的原因。清流的力量大一些、動作快一些，濁流才能逐漸變清澈。

身教

二〇〇八年七月二日清晨，上人由屏東返回花蓮，行前語重心長地譬喻，屏東風景很美，到處一片翠綠，可惜有的農夫貪圖輕鬆，改種檳榔：「大家的心地也要保護好，千萬不能懈怠，圖一時的逸樂，就會讓心田荒廢，成了檳榔園。」

路遙遙，車隊行至太武鄉海邊的大鳥村稍做歇息。上人飄然走到瞭望亭的欄杆前，靜靜凝視蔚藍浩瀚的水面，突然問：「那一頭是美國嗎？是北加州嗎？」原來，美國中西部鬧水患，老人家正惦記著在災區奔忙的弟子。

亭旁小路的石頭縫裡冒著稀稀疏疏的小草，很短，才走二、三十步就到了盡頭。上人難得輕鬆，轉過來再走一遍，自我調侃走回頭路，帶點歉意地說：「消磨時間……」

炎陽下繼續前行，中午在較陰涼的路邊停下來吃便當。不遠處也是汪洋一片，海風習習，高高的綠樹籠罩小亭。光用看的都能感覺那兒一定清涼又舒適。徒兒們紛紛前往，上人卻安然留在車內用午齋，彷彿先前的散步已是綽綽有餘的悠閒，再多就奢侈了。

「千萬不能懈怠，圖一時的逸樂。」想起上人在屏東分會的開示，深深感覺，他老人家真是無時無刻不在以身示教。

循步前進

從慧命的角度來看，我是在開始隨師行腳時呱呱落地的，在上人與眾法親的拉拔下日漸成長。八歲多的我，現在已稍稍能夠體會，隨師行腳就好像朝山，以精舍為起始，以精舍為依歸；重複不斷的路線與活動就好像慧命的軌跡，畫出一圈又一圈的年輪。上人不辭勞苦地一站又一站，跟在後面的我們，邁出的每一步都必須是學習與反省。

二〇〇九年是《靜思語》出版二十周年，我把第一冊和第二冊從頭到尾又看了一遍，許多字句又出現了新意義，讓我對「佛心師志」有更深的體會。

「人的生命本來微不足道，但有一樣東西卻重於泰山，那就是慧命。它可以不斷延續，發揮良能，讓後世的人循著這個腳步不斷前進。」

一位年輕人請教上人：「人生的路，應該選擇平淡的好，還是冒險激越的好？」上人回答：「寧取平淡。冒險應該是逼不得已時的作為，不要存心為冒險而冒險。生命不過是廣大宇宙中極微末的一個點而已。相對來看，什麼才是真正大而高超？怎樣才算是激越？不如平淡些，腳踏實地的做人做事。」

人說，攝影是記憶的延長、生活的反芻。在義忠凝住的時空裡，還讓我看到了豐富的象徵意涵。二〇〇八年七月二日傍晚六點，方才行腳圓滿，在精舍大殿禮佛的上人，有如乘風歸來。

捨小取大實行道

早課後的晨語時間真是大大的心靈享受。與大眾一起靜坐的我不能隨意走動，但事後藉著義忠捕捉的畫面，彷彿也看到了上人當時步步移往佛龕，升座講法的過程。

上人說，看不透物質世界才會心起執著，在意識裡打轉，貪欲無邊際，再多物質都滿足不了心中所求。如此沉迷，自然不能瞭解佛的世界。

「凡夫帶著因果，來來去去由不得自己。自己的劇本自己寫，每個人在舞臺上扮演的角色是好、是壞，都要看自己。如能把過去的惡緣轉為善緣，在一起同臺時感化他，就能讓人人都扮演成功的舞臺角色。」

上人要弟子把每天看作一張紙，人我之間的起心動念、行為造作，句句字字都是自己寫成的：「無常人生，一切無不是苦。人與人之間，緣結得再好，到最後也是生離死別。生命長短無法自己控制，但可開拓生命的價值，深入探討生命奧妙。瞭解世間一切法，才能解脫。」

二〇一三年十二月十日，天未亮，聆聽上人講「心寬等同宇宙體，微妙含識藏乾坤，通達諸法成妙行，捨小取大實行道。」

近中午回臺北，去火車站前到廚房打便當。常住師父五彩繽紛地把紅蘿蔔、高麗菜、龍鬚菜、滷香菇、炸麵筋鋪在白飯上。如此簡單，如此豐富，就像靜思精舍的某一天、每一天。

靜

5

環保之道

無言的感恩

上人出門行腳，只要時間允許又順路，總會去看看附近的環保站，常說：「看到環保志工多的地方，就知道那裡有希望！」

以單純的心身體力行，正是他老人家對所有弟子的期許。

上人對環保菩薩的敬重、愛護，他們對上人的虔誠與信賴，真是最最動人的畫面。只要師父一出現，樸實的鄉親們就會把他團團圍住，黝黑透紅的臉龐溢滿激動與幸福。

二〇〇三年十月底，上人來到高雄的康富環保站。有位八十二歲的老菩薩陳萬美英從六十幾歲就開始做環保，天天推著嬰兒車四處收資源，每星期可累積一卡車的量送到回收站。前些日子聽說上人要來，她開心地好幾天睡不著。師父後來抽不出空，她又失望地好幾頓吃不下飯。

上人聽說了，來了，見面時溫柔地將雙手撫在老菩薩駝起來的背上，無言地表達了說不盡的感恩與疼惜。義忠剛好靠得近，趕緊按下快門。上人看到他，竟脫口而說：「我覺得好慚愧，都是他們在做，我都沒有做到！」

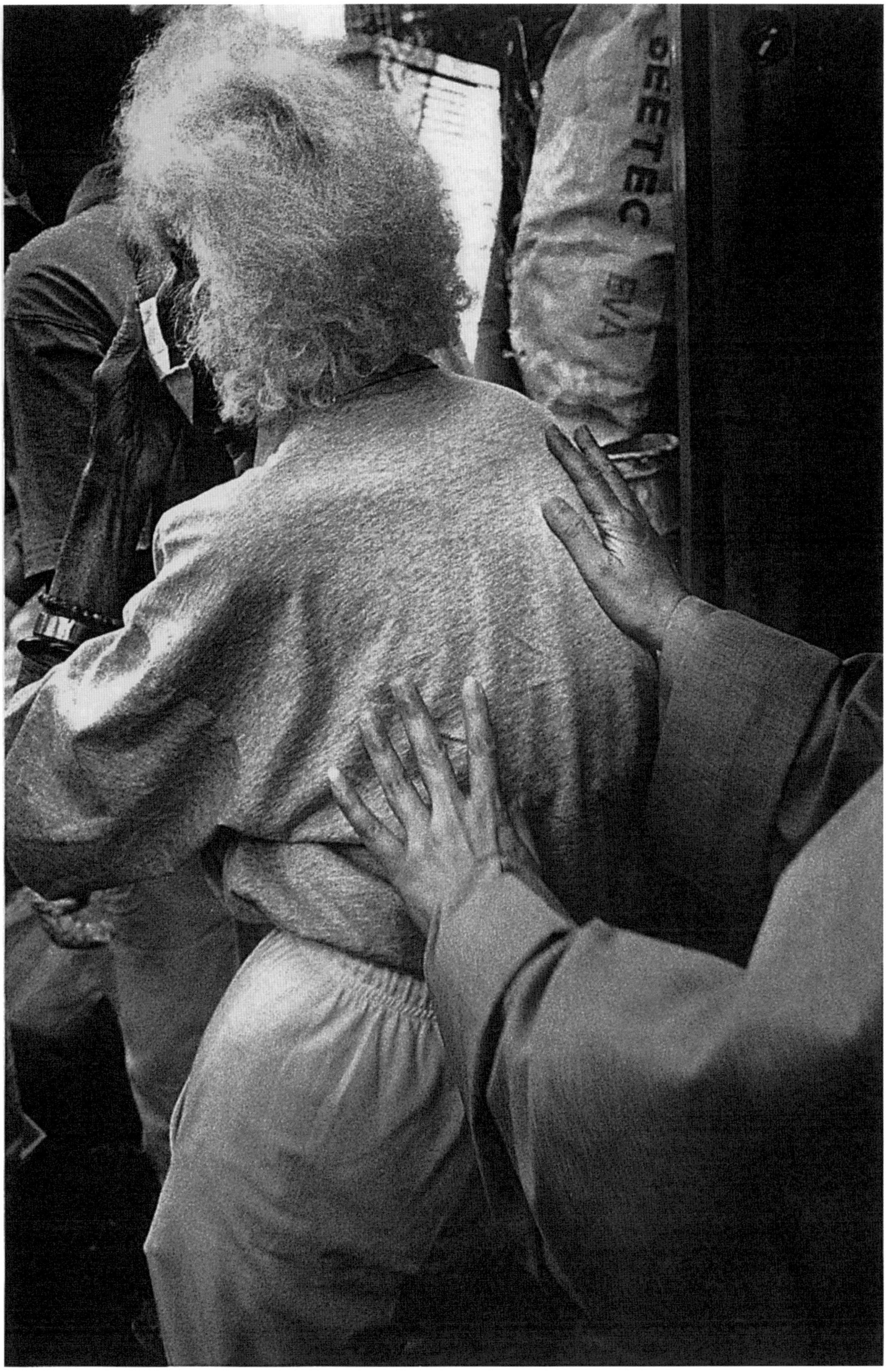

環保站像莊頭

環保站的風光無限好。男女老幼各階層，連視障、聽障或坐輪椅的人也都來盡一分力。鏽鐵堆裡，幾位男子笑嘻嘻地在卸螺絲；廢料圈內，一群婦女邊做分類邊聊天。再走幾步，赫然可見兩位老阿嬤為了分解塑膠檔案夾，連菜刀和鐮刀都用上了。

外面忙得起勁兒，裡間也鍋灶正熱，厝邊頭尾拿來的青菜、蘿蔔，轉眼就成了佳餚。陣陣菜香從廚房飄出來時，大半天的活兒也即將告一段落。

上人讚歎，人間最美的就是「和」：「一個環保站就像一個莊頭，來這裡就像回到溫馨的家，有工就做，做完就吃。老人家傳承經驗與智慧，年輕人恭敬接受，大家相聚一堂學習包容、互愛。把這分愛推展出去，就是最祥和的莊頭！」

二〇〇六年六月來到臺南鯤鯓，八十六歲的吳海青老菩薩眉開眼笑地跟上人說，她天天來運動、天天歡喜做，好感恩當初帶她來的師姊：「我要告訴我女兒，做資源回收好好，還能站在上人身邊說話，有價值啊！」

像這樣心滿意足的老菩薩，每個環保站都見得到。那無垢無染的笑容，叫人看了就不怕變老。若能老得這樣健朗可愛，說實在的，還真不賴呢！

克難救眾生

環保站的神奇只有親眼看到才能明白。四色牌可變孔雀，竹筷箍成彩繪筆筒，舊手套能生出一窩五隻小狗，寶特瓶化身古董蒸氣火車……慈濟的好多所環保站，如今都成了各校戶外教學的最愛。

小自六坪、大到上千坪，每個回收場都展現了人盡其才、地盡其利、物盡其用的勃勃生氣。一切都是回收資源再利用，大地方規劃的教室、花園、涼亭固然令人驚豔，小所在利用空間的本事也叫人歎為觀止。在寸土寸金的市區，小巷弄的走道兩旁也能做事。街邊鐵門一拉，感覺就跟「芝麻開門」差不多，看到的盡是寶貝！

那成堆成堆的舊報紙、大袋大袋的瓶瓶罐罐，之所以為「無價之寶」，是因件件都是善良人點點滴滴、精純分類所得。雜誌書籍一本一本地撕、寶特瓶一個一個地踏；本來一公斤兩塊錢的報紙折齊、紮成豆腐干，就能賣到六塊；廢電線一公斤六、七十元，剝皮抽出銅絲就能換到兩百多塊錢。

任何環保站都可見到皮膚黝黑、藍天白雲穿到褪色的師兄師姊，揮汗如雨地領著環保志工們做事。見到師父，大夥兒迫不及待地報告：「上人，這幾位菩薩好發心，什麼都做！」「上人，我們的組長好好啊，好照顧我們！」

上人笑著頻頻點頭，除了讚許弟子們在社區的帶動，還感恩環保菩薩的付出，殷殷指出，資源回收不只是惜福、愛地球，還能支持大愛電視臺。以前的人印經書，現在我們靠大愛臺淨化人心，把好人好事傳到全世界。

「四十年前的佛教克難慈濟功德會，就是從少少人開始，愈聚愈多，逐漸凝成大力量。克難中救眾生，分分皆功德啊！」

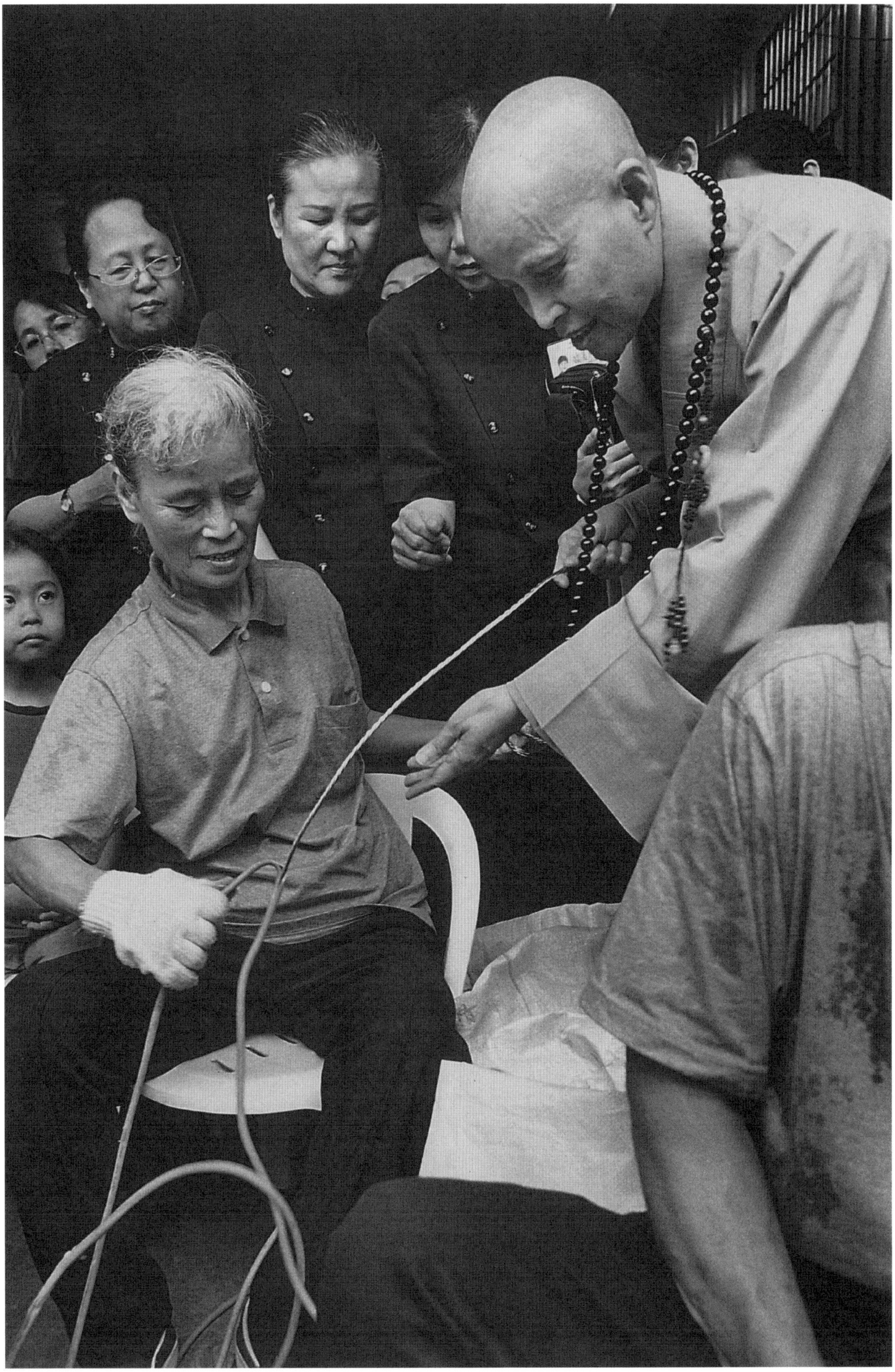

無處不可說法

得知上人會來，每座環保站的人氣都旺到不行；尤其是南部，空間再大，到後來也都變得水洩不通。民眾用歌聲、掌聲或是「上人我愛您」的歡呼聲接駕。在門口守候的已經夠多了，聞風而來的又不斷湧進，亦步亦趨，一圈又一圈地包圍著上人。奇妙的是，炎陽當頭、沙塵拂面，這麼多人擠來擠去的，卻絲毫不見慍色，只有一張張熱切的笑臉和此起彼落的「失禮喔！」

慈濟人深入社區，在各地發揮的教化影響，可見一斑。

上人要開示了！視環境而定，眾人乖乖地或坐、或站、或蹲。有的場所又窄又長，上人就執麥克風邊走邊講，從這頭去到那頭；聽到、看不到的民眾就用鼓掌傳達心聲。因為開心，也因為日曬，老人家的臉龐總是紅通通地發亮。

「感恩啊，感恩讓師父到這裡來有地方可站、可說話。有福的人提供土地，讓這裡變成福地，大家一起來做好事、聽好話，不只做外在的環保，也把內心的垃圾掃出去了。這一大片土地，雖然不再種植果樹、稻米，卻收成了這麼多的善心人！」

就這樣，二〇〇六年六月，已七十歲的上人頂著太陽、冒著雨，一個站一個站地走、一個點一個點地講；無論大樹下、稻田邊、棚簷旁，無處不可說法，也無人不是度化的對象。像是雲遊僧，又像是子女眾多的母親，每個孩子的家他都想去，探望大家是否過得好、有沒有依照家訓安身立命、弘法利生？

環保之道

二〇一〇年十月，上人在兩星期內造訪了高屏、雲嘉南、桃竹苗等區的五十九處環保站。從早奔波到晚，卻說每天都是快樂過；所到之處皆垃圾，卻覺得每個地方都美得讓他不捨；告訴大家，心清淨，此起彼落的踩寶特瓶聲音彷彿音樂，而玻璃瓶的每次相碰都像是一句佛號。

「我看到環保站，心生歡喜，這歡喜來自於感動。環保菩薩任勞任怨、苦幹實幹，從不向我誇耀。再辛苦、再惡劣的環境，大家願意守在那裡，還做得那麼歡喜，真是不可思議！」

上人津津有味地看菩薩們做事，直說不經一事，不長一智。在高雄「實踐」被零件吸引，在「右昌」看到志工巧思，利用角鋼，在幾秒鐘內便能剝去電線外皮，取出銅絲，更是開心地表示：「今天又學到一招！」

環保是舉世關注的議題，慈濟藉由遍布臺灣的五千多個環保站，將資源回收落實於民間。老人家說，臺灣無以為寶，以愛以善為寶；寶島這麼小，有些地圖或許還找不到，但來參訪慈濟環保站的各國人士卻絡繹不絕。

「世間這麼苦，必須找一條路。我們的路就是『環保之道』。環保淨心、淨土地，是教育，也是修行。知道人生的軌道，就要照著一直走，發揮功能。萬法可歸納在環保，每一法都含藏著無量法、無量的力道。有佛心，便能將煩惱層層消除；有佛性，便能遠離災難。」

上人開示，清淨在源頭，把一件廢棄物拆開來，會發現裡面有各種不同的物質。細細拆解後，銅歸銅、鐵歸鐵、錫歸錫、塑膠歸塑膠；一一回收、再製，又是可供利用的新東西。

「師父說法，也是把事相分析到零，或是重新整合，化零為整，化整為零啊！」

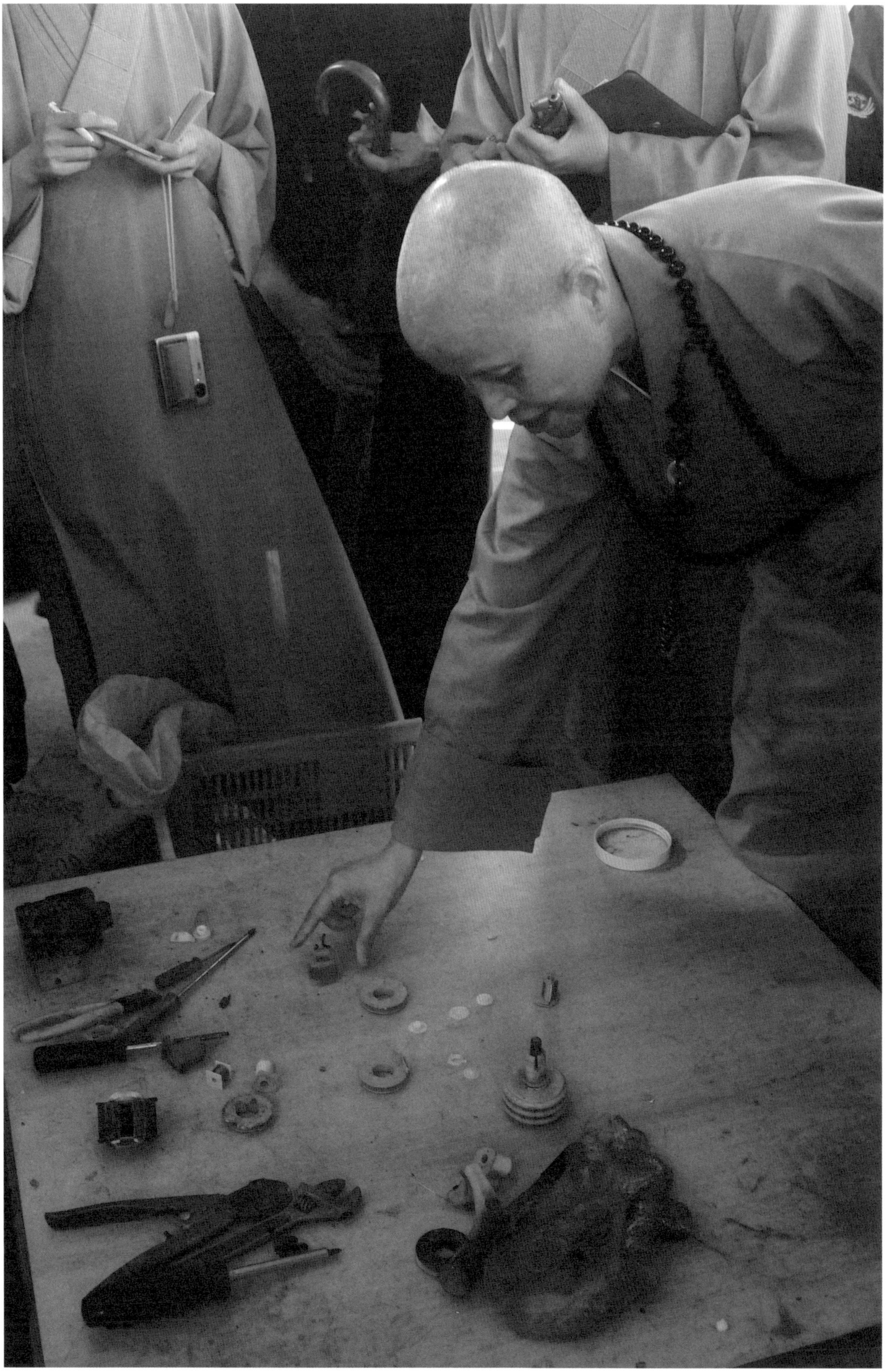

老兵

天氣酷熱，上人卻是無論橋下、路邊、田中央都去，每天都臉龐曬得紅通通，內心的歡喜卻洋溢在每一句跟環保志工的對話、每一場向十方大眾的開示中。若是靠得比較近，偶爾還能聽到老人家那細微、清脆的笑聲。

走過一站又一站，上人簡單平實、深入淺出地就環境、視情況觀機逗教，務必讓五歲到九十歲的人都能聽懂，為何人人都必須做環保。人類的生活方式影響大自然，人心和合、少欲知足，就能風調雨順，國泰民安。

懂道理還要知方法，上人一遍又一遍地解釋，「清淨在源頭」的意思就是勤儉、惜福。醬油、果汁、牛奶享用完，在瓶裡加點水、涮一涮，倒出來做菜或飲用，空瓶回收後就不必浪費水資源清洗，大家敬愛的環保菩薩也不用在難聞的氣味、骯髒的垃圾堆中做分類了。

如此這般，上人在所到的每處環保站都感恩大家、鼓勵大家、幫忙大家，期盼每個點都能有穩定、輕安的工作環境。天天行程都是滿滿的，有時一天跑八個站，還每場開示都直挺挺地站著。從早到晚精神奕奕，傍晚回分會休息才感覺到了腰酸、腿疼。

「就是軍隊操兵也沒這樣的！」一位弟子不捨地埋怨。「現在的少爺兵哪有操到……」停了兩秒，上人笑著補了一句：「我是老兵。」

慈濟中洲環保教育站

開闊人生

環保站裡處處可見開闊人生，大家彼此讚歎，唯恐上人不知道同伴有多努力、多能幹。幹部們孜孜不倦地傳承，將飽滿的種子灑向周遭，讓新人再經營出更多的環保站。有些環保站租借場地工作，這個地方沒了就找另一個，大家遷來遷去，總也不放棄。

環保志工誠樸、無雜質，法最能入心。上人怎麼說，他們就怎麼做，許多人都只是聽到上人一句話，就豁出去長年累月地不懈怠。上人讚歎他們雖然草根，卻是正知、正見，守志不動：

「得癌症的人沒有說：『請上人保佑我！』而是說：『人生的劇本是自己寫的，我現在受的是過去生寫的劇本，所以要把握時間，克服身體的不舒服，天天來做，趁現在趕快寫來生的劇本。』」

不可思議的事太多了！剛強的柔軟了，奢侈的節儉了；本來駝背、中風或是酗酒、憂鬱的人，變得健康又開朗的例子不勝枚舉。在資源分類、去蕪存菁的同時，他們剔除煩惱，焠鍊出了人生智慧。

從自己出發

上人與環保菩薩之間的互動叫人百看不厭。在鄉親們的心目中，無論上人講什麼都是世上最好聽的。「我透早出門，到這裡來跟大家說晚安」，只不過這麼一句，滿屋子的人就笑得闔不攏嘴。

「大家要從自己出發，愛先生、小孩、公婆、鄰居。鄰居看我們家庭和樂，想學，我們就教，然後一家傳一家。你、我、他，每個人早上起來都有一念善心，整個世界就會風調雨順。」

眾人目不轉睛地聽著師父教誨，生怕漏了一個字，聽到一句好話就齊應一聲「阿彌陀佛」。上人的字字句句就像是春風拂面，撫平人人的煩憂，為他們的人生注入希望、指出方向。

上人要離開時，鄉親們常會捧來家裏種的芭樂、荔枝、仙桃或其他什麼的。印象最深的一回，就是看到他老人家悠然愉悅地走向座車，手裡拈著一隻活靈活現、用回收打包帶編成的五彩大蚱蜢。

"環保十指口訣"
回收資源如何分類？
簡易口訣一教就會！
環保精質化
清淨在源頭
簡樸・
環保精質化
①攜帶環保餐具
②少用一度水
④少開二公里汽車
⑥少用一度電
⑧一餐不吃肉

歡喜到不會講

上人不止一次地表達了對環保菩薩的不捨，想到雙手粗糙的他們，想到有人皮破、血流，想到有人心甘情願地守著垃圾聞惡臭，一做就是二十年……

許多菩薩起初都是一個人默默地做。自己搬、自己扛、自己拉，颳風下雨太陽曬都不懈怠。每天總在做，做到周遭的人無法冷眼旁觀、無法不跟著他（她）一起做。有緣人被善的磁場吸引而聚攏；有錢的出錢、有力的出力，有土地、空間、工具的提供資源，有創意、能組織的人提供想法。於是，菩薩終於能樂呵呵地形容：「我們從路邊攤做到開店面！」

他們說：「做環保，沒煩惱，真歡喜，歡喜到不會講──見到上人，就好像是看到天上掉下了禮物！」

上人拿起麥克風，字字句句都是愛：「師父的心情也是這樣啊，看到就歡喜，摸到就歡喜，聽到就歡喜！人家說，祝你事事如意；事事如意就是歡喜，見聞、接觸都歡喜，這就叫稱心如意。」

二〇一〇年是慈濟環保二十周年，上人一站一站地走，為心愛的草根菩提們帶來工作手套、竹炭護腰以及大愛感恩環保紗製成的POLO衫、工作褲：

「師父這一世不為什麼，只為人群，你們為人類造福，是師父的寶。你們的福就是師父的福，你們祝福師父，就要把自已的身體顧好。」

上人殷殷叮嚀環保志工每天都要戴護腰，坐久了腰會酸，彎腰、搬重物也要把腰保護好。聽到「師父給你們撐腰」，菩薩們個個樂不可支……歡喜啊，歡喜，歡喜到不會講！

所有東西都有用

有些環保站的所在地原本是土雞城、釣蝦場、電動玩具店，但慈濟人一來，就把那裡變成了積善造福的寶地。儘管大部分環保站都簡陋，卻被整理得非常乾淨，在裡面埋頭工作的彷彿身處清涼地，看起來一點也不熱、不累。

專注的人心無旁騖，看起來有如禪定。上人常說，要多用心。意義不只是心要專、心要細，還真的是要去「用」它。心的力量不可思議；有位環保志工全心投入工作，還會夢到上人告訴她，哪兒有成堆的廢棄紙箱等著她去拿；醒來循線找去，果然找到！

「道理不是用說的，是做出來的。為了顧地球、淨化人心，必須要有妙法。用說的沒用，要用做的。」上人開示：「聽到師父說的好話，放在心裡，用出去，這就是回收。不用，丟了它，就是垃圾。環保站裡沒有廢物，所有東西都有用，回收、再製後，都可繼續發揮功能。所有東西在開始時都是寶，就像每個人原本都是清淨的；我們可以自我回收，不斷精進。」

許多人小時貧窮、苦難，長大了走入社會，很拚、很成功，但成功後卻迷失了。上人說，上一代人有經濟之苦，這一代的許多人物質充裕，卻飽受人生方向迷失後的心靈之苦。心安是智慧，歡喜就是福。為了下一生，我們現在要寫劇本，做得心安、歡喜，就叫做功德。

一處接一處，弟子們聆聽教誨，依依不捨地恭送他老人家前往下一站。臨上車前，上人頻頻回望，眼神彷彿在說：「我的心永遠跟你們在一起！」

6

耕一池蓮花

佛陀精神在人間

《經典雜誌》策劃的《大唐西域記》展覽正在慈濟臺中分會展出。二〇〇三年十月二十一日用完早齋，上人難得有空檔，從頭到尾將作品細細看過。

在之後的開示，上人感慨良多，說一千多年前，年輕的玄奘法師在交通不便、路途艱辛的情況下，冒著性命危險從西安經絲路到印度，歷盡千辛萬苦，將佛經帶回中國。然而，在今天的印度，佛教卻已沒落了！

舉世尊崇的大覺者，從出生、說法到入滅，都是在古印度。但與佛陀有關的古蹟如今卻已煙消雲散，或成了廢墟。

問題出在哪裡？為什麼這麼好的宗教，在發源地印度卻沒能留下來？上人說，這是因為許多信眾僅在精神面領受佛法，未能將法於人群中實踐；後代迷失的眾生，甚至以精工雕塑宏偉的佛像及膜拜為功德。

玄奘法師在一千多年前自印度取回菩薩精神，今天，全球慈濟人正行走在菩薩道上，將慈悲喜捨的佛法，腳踏實地、一步一腳印地做出來。

「我們不但領受了佛陀的法，還沿著玄奘法師當年取經的路回溯而上，實踐了佛陀精神──在新疆、阿富汗、印度、尼泊爾等地，分別建學校、施藥、施衣、施糧、建房。」

今日所作所為即是明日的歷史。慈濟法脈若是沒有好好傳承、散播，他日是否如同佛教在印度沒落？臺灣是慈濟發祥地，身為第一代慈濟人的我們當好好警惕、思考。

在一幅走鋼索的街頭藝人影像前，上人語重心長地表示，走鋼索藝人能顯神通，不會從半空中跌下來，靠的就是用手中這根竿子來平衡。慈濟人必須緊握慈濟的精神和理念，才能在人間世世代代行菩薩道啊！

印度佛教的沒落
【行踏遺痕尋梵唄】

大愛世界

二〇〇三年一月八日，上人的歲末祝福之旅已進入第八天，由於體力透支，感冒又上了身，不時輕咳，但是看到大愛電視臺的同仁個個多才多藝，彼此齊心協力，疲累竟像一掃而空！

上人強調，宗教就是「人生的宗旨，生活的教育」。人不能沒有宗教，而無論任何宗教都不能沒有宗旨與志願；文化也是如此，複雜而精細。

「以現在的世俗媒體來看宗教，不是我所要的。我要的是超越的、清淨的精神。人文比文化更真切，其中有精神傳承、有人的品格和品質。」

但是，人文好做嗎？上人說，在他的心中有一股不斷循環的清流，時時用「感動」自我洗滌。講到這裡，上人泫然欲泣：

「哪個不是我心目中的寶？大愛電視的畫面裡，每個人都是我生命中的一部分。任何人出門，我的心就跟著他們走。我不適合這麼大的承擔，卻偏偏擔起了這麼大的責任……」

上人說他每天醒來，第一個想到的就是感恩每個人，第二個就是要照顧所有人，讓人人走入慈濟永不後悔。每天謹慎行事、如履薄冰，真的是很辛苦。

然而，在一開始做慈濟時，上人就立願，既然不能獨善其身，就要兼善天下。要救世唯有先救心，大愛臺要做的就是淨化人心，立志將清流在整個世界流轉，將慈濟人文廣布全球。

「我們雖是地球上的一個小不點，但颱風也是由小小的氣流轉出來的。」

未來的「因」，過去的「果」

二〇〇四年夏天，優雅美觀、功能完備的慈濟人文志業中心在關渡平原拔地而起。七月七日，上人在文化志業執行長王端正、大愛臺董事長杜俊元以及總監姚仁祿師兄的陪同下逐層巡視，對何建明師兄的數位研究室特別好奇。

新的大愛臺啟用後，這套沒有錄放影機、看不到傳統錄影帶的系統便要上陣。為此，何師兄與工作小組背負了極大的壓力。皇天不負苦心人，十六個月後，這個將過去電視製作流程全面數位化的「整合式低造價電視影音圖文採編播存系統」，獲得了金鐘獎研究發展大獎。

二〇〇五年十月十九日，上人對人文志業的同仁開示，說有沒有得獎，其實不是太重要，因為有些獲獎節目不一定是淨化人心、對民眾有益的。

「可是，大愛得獎我好感恩啊，因為過程是這樣的艱辛。感恩姚居士和同仁們，大愛雖不能被定位為佛教電視臺，但從事這分事業的確需要出世的胸懷。建臺無日月，若無修行者的心態，無法承擔這樣的工作。生命和慧命都需要清流，只要起步正確、前進方向沒有錯，清流就會不斷湧現。」

那天，上人也跟大家分享了自己的來時路，句句牽動人心。

上人說，他的「研究室」是在風雨中、烈日下、深山僻壤裡；因為，唯有走在路上才能看見心靈的風光。起步做慈善，他一家一家地探訪照顧戶後，才知道「貧」、「病」不分家，必須蓋醫院。然後，就是教育和人文。

一步又一步，跨了一大步不夠，又要跨一大步，步步都是踏在荊棘中，卻由不得自己，直到今天依然辛苦。然而，若不是三十九年前的那一念心，並且採取了行動，就沒有今天。

「今天就是未來的歷史和過去的結果。今天種未來的『因』、是過去的『果』，每一步都要跨得絲毫不能偏差啊！」

一性圓明自然

慈濟四十五周年，上人送給大家的珍貴禮物就是入經藏。

「大家給我那麼多，我拿什麼給大家？只有『心與法會合』。師父年紀大了，不忍心人人都有我知我見的煩惱，擔心把大家只帶到一半，所以要這樣大動作、下猛藥。看大家精進，師父就會安心。」

上人說，無論天災或人禍，起因都是人心無明。瞋怒之火一燒起來，少數人就可讓遍地蒼生受苦難。要救世唯有從心，把心靈的無明瞋火熄滅，人間才能祥和：

「人人都有與佛同等的佛性，佛陀能覺悟，我們也能。雖不能期望自己這麼快就能成佛，但起碼要喚起圓明本性。我們的圓明本性就像一顆寶珠，落到泥土上，骯髒了。趁這回入經藏，把它好好洗乾淨，就能照徹乾坤。」

二〇一一年三月起，全臺各地每天都有人在唱誦經文、大懺悔，社區道場天天挑燈夜戰，往來各處慈濟聯絡點，彷如身在佛國。

七月，上人一日出門，十日回花蓮；隨他老人家全臺繞一圈，發現每個地區的師兄、師姊，智慧不但增長，而且還三級跳。人人都變得更柔軟、善解，潛力明顯獲得進一步的開發。原因很簡單——大家都在入經藏！

令人驚訝的是，儘管排練密集勞累，大家卻是無論如何都要參加。除了各行各業、各階層的男女老少，就連肢障、重聽、弱視、不識字或不懂中文的菩薩也不顧一切障礙，虔敬奮勇地投入這場大法會。

「美啊！大家的虔誠、精進，我看到了！」

上人在各地都會去瞧瞧排練的情形，殷殷讚歎每個人舉手投足、開口動舌都是法。心貼法、法貼心，心與法會合：

「這樣的整齊、這樣的美，美在三輪體空，美在人人都能與別人配合。」

上人開示，這一波最重要的就是慈悲等觀。我們不只是教富濟貧，也濟貧教富，讓人人均富，心富愛也富。這不是表演，而是藉著大懺悔的道場為普天下祈福。法水點滴入心，不只滋潤自己的心地，也滋潤大地所有的生命。

「要把內心理解的法大聲唱出來，上達諸佛聽。一念動三千，看我們大家的心念能不能震動三千大千世界！」

走筆至此，上人欣慰的神情浮現眼前。

從中部往南、再到北，足足聽到他老人家說了三次：

「一路看見，田裡的稻穗都垂下來了，粒粒飽滿！」

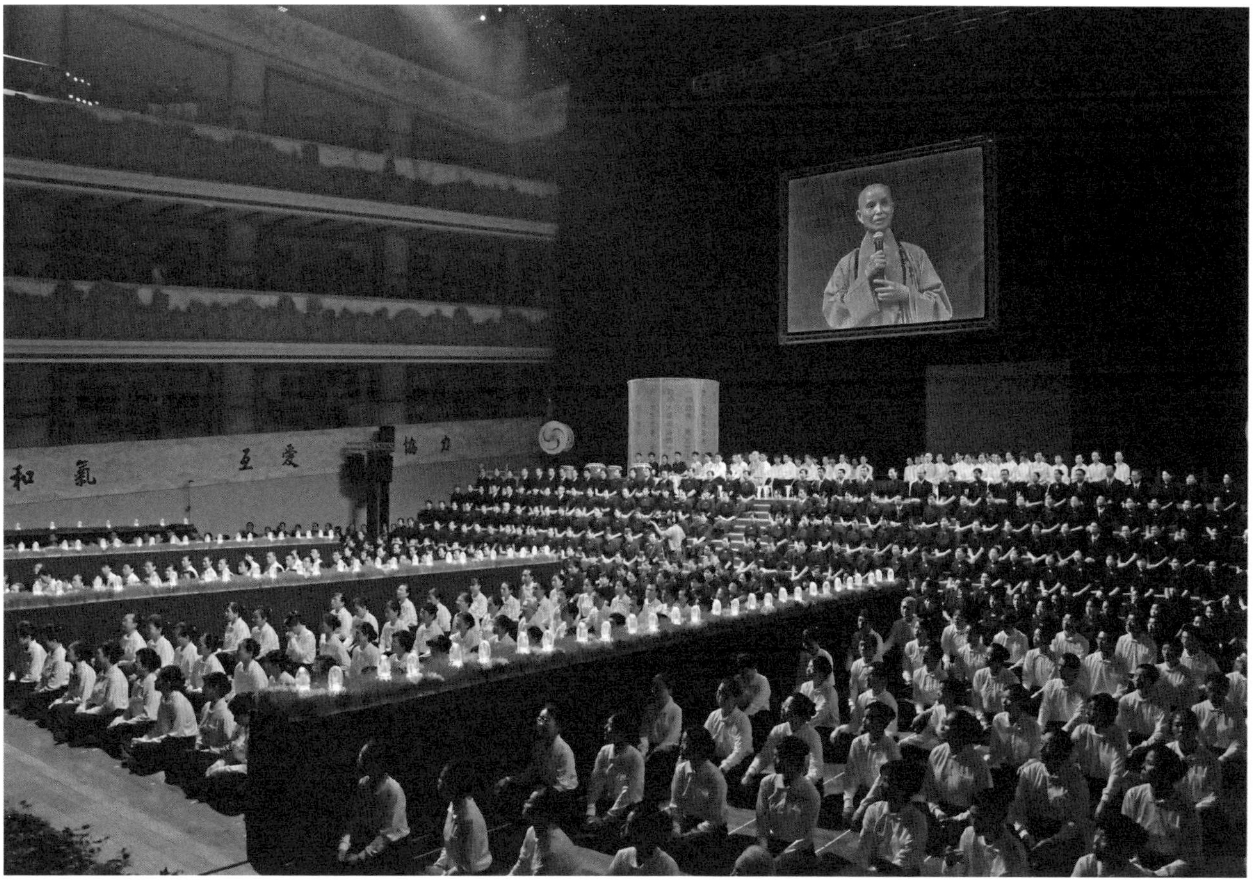
和氣
互愛
協力

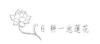

水懺演繹

有花蓮小巨蛋之稱的德興體育館，在二〇一二年三月八日到十一日迎來了無比殊勝的「水懺」演繹。東部慈濟志工從一日就開始清掃環境，用心擦洗每一吋牆壁、地板、座椅、廁所。

在這群虔誠的勞動者中，除了慈濟各學校師生，還不乏醫師、教授、企業家。若是把彩排人力、舞臺布置、餐點準備、內外場接待及交通機動也算進去，就會發現，前來護法的人次高達五千。法會尚未開始，豐沛的道氣已在整個空間自然醞釀、滋長。

「眾生煩惱多，佛陀就要對治。眾生有多少煩惱，佛陀就要用多少法。」

上人兩度前來觀看彩排，一再感恩所有投入、付出的人，強調每個人都功不可沒。如此虔誠齋戒的力量前所未有，必須要人人瞭解入經藏的涵意，愛心與願力被啟發了，才能全面素食，再加上臺上臺下結成一條心，才能共同創造出這麼美的畫面。

「我們是在做社會教育，希望人人能夠走一條沒有差錯的道路。心垢滌除，就能改變習氣、改善生活習慣。這不是活動，也不是表演，是真正的道場，很虔誠的道場，輔導人心向善。」

三月十日晚上七點，傅崐萁縣長率領所有縣府主管全程入經藏，近四百名警、消人員及花東防衛指揮部的弟兄們也同在法海區，與慈濟中小學的孩子們遙遙相對。眾生平等，心無差別，人人都浸潤在美妙的佛法之中，懺悔發願，為天下祈福。純真至善的自性相互交融，凝聚為天地正氣。

回頭明明是岸

留下感人的歷史

二〇一一年十二月二十七日早晨，大愛臺同仁跟上人心得分享，製作人王俊富坦承，以前不解為何要留歷史，心想，作節目不就好了？但一年來在史料海中撈寶，為慈濟大陸賑災二十周年製作紀錄片「真情之路」，才瞭解上人一路走來的艱難以及不足為外人道的辛苦。

一九九一年，中國大陸華東、華中水患嚴重，慈濟首度前往賑災。當時兩岸關係仍然緊張，沒人知道這一步踏出去會有什麼結果。面對內外相煎的臺灣人不諒解、大陸人不認同，上人不但沒有退縮，還大聲疾呼「有愛，就沒有仇；有愛，就沒有怨」。

紀錄片的三個單元〈篳路藍縷〉、〈大愛之路〉、〈未竟之路〉從十二月十一日至二十八日分三次播出，我上網找到影片，見二十年前上人嘔心瀝血道出的那一字一句，駭然之餘，不禁熱淚盈眶。

「可能嗎？可能嗎？可是，我對自己說，你生下來就是要做那種把不可能變為可能的事！」

二〇一二年一月一日，上人在彰化透過衛星連線點燈啟航、按鈕開播；大愛電視臺正式宣告 **DaAi2 HD** 高畫質頻道開播。大愛臺十四周年，上人不說慶賀，只說感恩，因為有大愛臺才能淨化人心、全球弘法，大愛的使命就是要做淨化的清流。

「『清流繞全球』不是口號，期待能真正達成。沒有『人』就沒有『文』；時間能成就一切，但需要空間、人與人之間，才能留下感人的歷史。」

上人說，慈濟四十五年了，我們由辛苦走過來，但慈濟人從辛苦中感受到幸福，這是很特殊的。人能弘道，甘願付出，時間一長，便能開拓空間！

師父永遠在心中

讓上人最歡喜的就是，每個地方都在「晨鐘起・薰法香」。

「感覺到大家的慧命在增長，這種慧命交在一起，我講什麼，大家好像開始容易接受。大家入慈濟的因緣各不相同，但會投入，是因為聽到慈濟便起歡喜心。慈濟人很能承擔，見苦知福，秉承這分智慧，運用慈悲心投入苦難人的環境中。受惠者得救，付出的人法喜充滿。」

看著這照片，就彷彿聽到上人對弟子的殷殷叮嚀：

「心靈的光明多一分，就多一分智慧，而多一分智慧，心靈的光明也會多一分。這是一定的道理。時間用在對的地方，智慧就會日日增長。」

「付出容易，無求難。愛欲心容易搖動道心。世間萬物一切都是假象，既然是假的，何必計較？」

上人說，我們有這樣的環境是所有慈濟人彼此供養而來。根機不論高低、最重要的就是要有信心、誠意，身體力行去探討這個法，讓法與行成為一體：

「諸佛為度眾生互輔助，共同為一大事因緣顯示諸法微妙。大家彼此讚歎、互相勉勵、成就，合在一起為時代迷思作正念，為淨化人心作活水。」

當然，上人也提醒，在被讚歎的同時更要充足自己的品德。要引導大眾、淨化人心，就必須自覺、存正念、調適心的方向。

闔上隨師筆記之前，赫然翻到上人於二〇一三年六月六日對海外慈濟人所說：

「自我警惕，照顧好一念心，師父便永遠在你們心中！」

靈山法會不散

二〇一一年的慈濟全球四合一幹部精進營，第二梯次於八月十四日到十九日舉行，上人往來關渡、板橋、三重三地，每當得空，便垂詢弟子入經藏的心得。

師兄、師姊們紛紛向老人家報告，自己參加的是「妙手」、「妙音」、「輕安區」或是「大愛之光」，大家幾乎都能將經文朗朗上口，只要任何人一開口，其他人便自動唱和，其樂融融，好不溫馨。

「慈濟的四門八法步步落實、足跡明朗，前後鋪了四十五年，並且有很殊勝的因緣，才能完成這場大法會。任何一個步驟不對，都無法成就。」

八月十四日，上人出門行腳，於下午兩點來到臺北小巨蛋與大家一起入經藏，欣慰讚歎，萬人弘法，上達諸佛聽。

那天剛好是農曆七月十五，為「佛歡喜日」。佛陀為何會歡喜呢？上人說，佛世時，每年夏天有三個月的結夏安居，讓平日必須托缽化緣的弟子們專心修行。許多精進的弟子在這期間得到開悟，因此在七月十五日結居的那一天，佛陀無限歡喜。

「世上多一位賢人，社會就多一分吉祥。這一回，慈濟人以半年時間，也就是結夏安居的兩倍時間入經藏，得到很深的體會。」

在臺北的八場演繹，幕後每天都有超過一千位工作人員，細膩地分為二十四個功能組在護法。包括企劃團隊、大愛電視臺的工程人員且隨即趕往臺中協助搭建演繹空間。工作吃重天氣熱，縱使累得送急診、吊點滴，或是發燒、流鼻血，大家依舊奮鬥不懈、不願說苦，只因這不是表演，而是法會。

法水普潤，法音遠傳，從大人到小孩，從臺灣到全球，都是這場大法會的受惠者。上人在每場開示都殷殷叮嚀，水懺法會雖圓緣，卻不能曲終人散，要時時伸手拉拔著眾生。

「佛陀開講《法華經》，曾說『我此法會，永遠不散』。我們的法船要繼續開，讓靈山法會在心頭，永遠不散！」

耕一池蓮花

記得第一次隨師到大愛電視臺，臺址還在南港，時為二〇〇二年三月九日。上人一進門就被那排翠綠的竹子吸引。

一九六六年慈濟剛起步時，三十位家庭主婦每人每天在竹筒裡存五毛錢。今天，在日不落的慈濟世界裡，志工們依舊點點滴滴地凝聚著愛心，在全球各角落拔苦予樂、利益眾生。無數感人事蹟透過大愛電視臺，每天二十四小時不斷地傳送至全球。

一九九八年一月一日大愛電視臺開播，上人將不畏艱難籌辦電視臺的苦心娓娓道來。現代資訊科技發達，影響人心直接又迅速。然而，大多數媒體或是渲染小事，或是無中生有、顛倒是非，焦點往往集中於黑暗面，甚少披露光明善良。

「這對未來的人類必定是很大的傷害，因為沒有好的榜樣值得後人學習，沒有好的人文讓後人承先啟後。」

上人指出，慈濟人在現代社會的惡濁汙泥中，用心耕種一池蓮花，而文化工作者的使命，就是要認真描繪這片汙泥地上的蓮池淨土。

「如果不將慈濟人在這時代所做的愛心事蹟留下，後人回顧，便不會知道原來在汙泥裡還有一片淨土，整個二十世紀將徒然讓人感到不堪！」

那天，大愛電視臺總監姚仁祿師兄以模型介紹他所設計的慈濟人文志業中心，告訴大家，兩年多後，在關渡平原上空俯瞰，就會看到整棟建築呈現慈濟的標幟——一朵綻放的蓮花。

慈濟宗門人間路

逆風而上

上人曾說，開始做慈濟時沒人沒錢，所依靠的就是佛陀的真理。

「人人皆有佛性，我只是信任這個道理，覺得自己的心念一動，便會有與佛一樣清靜無染的愛。佛陀來人間，為的就是不忍眾生受苦難。我自不量力，將這一念心與大家分享。」

那是二〇〇七年五月二十八日上午，上人在人文志業中心聆聽大家的心聲後所說。「因緣果報」不是老太婆的口頭禪，而是非常科學的。「因」與「果」之間必須有「緣」。慈濟從無到有，四大志業、八大腳印完整建立、普遍全球，就是因為有無數的「因」、「緣」結合；粒粒「果」又再化為粒粒「因」。

「周邊的緣，時時刻刻要重視。每個人、每件事、每個環境都是緣；心念就是因。人文志業體的每個人都是『因』，也都是『緣』，合在一起，才能結成『果』。少了一個人，就無法成就這樣美的畫面，因此，人人都要珍惜、感恩身邊的每一個人。」

二〇〇八年十二月三十一日，上人勉勵同仁，金融風暴不可怕，心靈風暴才可怕，最怕的就是社會上的人心不安。

「我們就如同逆風中的鳥要飛、逆流中的魚要游，很吃力，但順著它，就會捲進更大的風暴。我們要堅持方向，多用一點力氣。逆風而上，才能帶人進入平安的境地。」

二〇一一年一月七日，上人在關渡園區與大愛臺同仁談心，直指人心能被感化，也容易被腐化，可是心、佛、眾生三無差別，佛性還是存在的。

「現在的社會，真正需要的是人文與道德。人文志業是清流的源頭，我們的使命就是淨化人心。時代千變萬化，永遠有不同的人、事、物，但我們不要去搶聳動的新聞，而是要靜觀、思考。『新』是跟著時代走，但要是非分明；『聞』則是聞、思、修。我們的新聞就是要『報真導正』。」

這張照片是義忠於二〇一四年一月一日所拍。人文志業副總執行長王端正、大愛電視臺董事長杜俊元陪著上人在窗前看小菩薩、大菩薩於大愛廣場的表演。四大志業、八大法印的代表列隊經過，展現合和互協的精神。

真是美好的一天。上人說，從花蓮出門後，天天都是陰天，可是那天一大早就有陽光，冬天的晨陽，多麼溫馨啊！

教育像種樹

自從ＳＡＲＳ疫情開始蔓延，真是好久沒見上人笑得那麼燦爛了，只因慈濟小學第二屆、幼兒園第一屆的聯合畢業典禮要舉行了。二〇〇三年六月十八日，志工早會結束後，上人略事休息即前往慈小，楊月鳳校長在校門口恭迎。

高聳的中央山脈下，慈小與慈中的大門隔馬路相望。念完幼兒園的孩子可上慈小，慈小畢業可到慈濟中學讀國、高中。孩子們如果努力，進了慈濟大學，可一路念到碩士班、博士班。

慈濟大學附屬中學暨慈濟小學於二〇〇〇年十月二十八日創校，從那天起，慈濟的四大志業繼醫療普遍化、人文深度化、慈善國際化之後，達到了教育完全化。上人於當天的開示中強調，希望能以中華民族的道德文化來薰陶，用愛的教育培養學生：「教育就像種樹，從小扎根便會和土壤長在一起，根部也才能穩固。」

往典禮會場前進時，耳邊傳來一陣歡天喜地的鼓樂聲，慈小鼓樂隊正使出渾身解數在歡迎上人。要知道，小小樂手們才都是一年級呢！

畢業典禮開始，全體師生及來賓起立齊唱〈誠心祈三願〉：

「我們一起祈禱，用赤誠心情，我們一起發願，用開闊胸襟……」

孩子們小手合十、大聲祈求人心淨化、社會祥和、天下無災難，嘹亮稚嫩的歌聲充滿整個空間。他們懂的事也許不多，卻具足純粹的信心。信為道源功德母；上人不就這麼說過——佛陀聽到的，都是孩子的聲音！

上人在我們後面

慈濟大家庭好事連連，活動愈辦愈旺。就拿二〇〇四年十月的「奔騰國際，躍動人文」來說吧，光是二十三、二十四這兩天，就是一個串一個的大場面：聯合校慶、傳播大樓動土、嘉年華會、人文之夜晚會以及聯合運動會。

我於二十三日早上抵達花蓮，一踏入靜思堂就感受到那股充沛的活力。天知道有多少刻不容緩的事正在同時進行著，搶時間辦事的法親們卻依舊從容有序、容光煥發。那股湧自心底的歡喜，讓人不跟著開心也難。

上人雖不用親自打理，一顆心卻掛在所有大人小孩身上。看到講經堂裡有人排練，就在圍欄俯瞰。經過嘉年華會的歡樂場面，便悄然駐足，興味十足地看著孩子們。「上人在我們後面！」一聲歡呼，令所有人立刻轉身，空氣頓時沸騰。

「上人在我們後面」，是叫人興奮又緊張的。若被老人家當面誇獎，包準高興得睡不著；若事情做得不周全，也難逃他的法眼。

「上人在我們後面」更代表強而有力的支持，讓全球弟子信心滿滿向前行！

「家人」華會

那些天，上人最喜歡的話題就是關於海外回來的孩子們，經常喜悅地形容他們有多甜、多貼心，還學他們講「感—恩—吭——」。老人家說，嘉年華會應該叫「家人」華會，因為總讓他有著「家人回來了」的感動。

遠從南非、印尼和大陸武漢回來的孩子，個個都是落落大方的小紳士、小淑女，且謹記著師姑、師伯對他們的期許——長大做個能幫助別人的人。

上人看在眼裡、喜在心裡，欣慰之情在多次談話中表露無遺：

「窮不是悲哀，富有而不懂得上進才是。這一顆顆種子，有愛，就無不是將來的大樹。所結的果實，都是全球的希望！」

南非祖魯族的娃兒們最討喜，舉手投足都是韻律感，張口即是字正腔圓的國、臺語慈濟歌，讓大家的眼光黏著他們不捨得放。

上人讚歎全球慈濟人就地扎根、就地取材，為當地培養人才。而每個孩子也無不是用愛來迴向、感恩全球的慈濟人。

「但願地球上的孩子，普遍都能得到這麼多愛心的陪伴！」

如沐春風

「歡喜心是一種涵養，能令周圍的人都有如沐春風的喜悅感。」這句《靜思語》真是此情此景最好的說明。照片是義忠於二〇〇二年四月十一日清晨在臺南靜思堂前所拍。

對面大愛托兒所的小朋友來邀請師公上人去參觀他們的學校。上人不僅參加了升旗典禮，還去看了所有小朋友都在關心的「蝴蝶樹」。好多好多小小的蝴蝶卵棲身在小樹的枝椏上，毛毛蟲孵出來之後，漸漸化成蛹、變成展翅飛舞的彩蝶。

教育的功能正是讓毛毛蟲變蝴蝶，淨化人心就是要從頑石鑿出清流。慈濟的教育體系不但有幼兒園、國中、高中、大學、研究所，各地分會或聯絡點也為了推廣社會教育而精心設計各項課程。

照片中，上人一手牽著一個小小孩，領著大群弟子向前走，人人的神情都幸福愉悅，整個景象顯示了和諧與希望！

普度眾生的上人，不知早已讓多少人從毛毛蟲變成蝴蝶囉！

靜思堂

克己復禮的氣象

上人好久沒行腳了，所幸之前的隨師影像檔案和筆記，總是能把我帶回那一個個溫馨的時空，讓我再度親炙上人的法。有時，舊照片裡還可找到新註解。

二〇〇三年十月二十九日那天，上人抵達屏東分會時天色還早，門口照例有兩排長長的人龍，上人卻被這個才丁點大的小菩薩吸引了，見她彎腰合十，自己也曲身回禮。旁邊的師姊笑得那樣溫柔敦厚，叫人聯想「克己復禮，民德歸厚」的氣象。

看到小孩們偎到上人身邊獻撲滿，就會想到上人的話：

「那麼多小孩子，我從來沒見過，卻會跑來跟我說：『師公，我要幫你蓋醫院！』我都會想：是不是我的老弟子都回來了？」

那是二〇〇六年五月三十一日，上人來到臺北分會觀賞慈濟四十周年人文展，欣慰地感嘆，這麼多年來，慈濟人在能力所及之處幫助人，範圍逐步擴大，救人的人增加，被救的人也增加了。

「剛開始成立慈濟時，有人批評我，但也有人說，你做救濟是在『救世』。我說不敢當，我只是要『救心』而已，包括我自己的心。我找到一條覺悟的道路，朝正確方向毫無偏差地走。用同樣方式，不也可以帶動很多人走上正知、正覺、正見的道路？」

親師

臺南慈濟中小學邁入第二年了，同學們的表現紛紛受到鄰近居民的稱讚。在會見家長、老師時，上人把握機會，再再闡釋，我們的社會不缺學校，欠的是典範。教育要好，必須校長、老師有決心，家長能配合。有典範老師、典範家長，才能教育出典範學生。

「如何教出典範學生？要親師。孩子親師、尊師才能受教。人格典範的基礎打得穩，就是畢業了也能把慈濟精神帶去其他學校。」

現在的孩子在家像小霸王，習慣了被父母伺候，久而久之便喪失生活自理的能力。慈濟學校的孩子不但要自己清洗碗筷毛巾，還必須維護廁所的整潔。還不是人人都有機會為大家服務，必須成績好、品行好。

小朋友們實在可愛！二○○八年十二月三日下午，上人來到臺南慈濟教育園區。中學生們正在考試，小學的孩子則是興高采烈地在門口列隊迎接。導覽的上一回是小女生，這一回是小男生。只見他們個個口齒清晰、條理分明地介紹音樂教室、電腦教室、圖書館，當然，還有那清潔溜溜，進去得換拖鞋的廁所。

「導覽員」一人抓著上人的一根手指頭，互相提醒「要輕輕牽喔」。在行進中還不忘指揮簇擁的人群：「前面請開路！」

上人莞爾：「好像我是紙糊的！」

幸運的孩子們啊，許多許多年以後，在人生的某一刻，你們是否會憶及：有一天，我曾經抓著證嚴上人的手往前行？

其實，是小朋友在帶路，還是上人在帶路呢？

但願我們的心也永遠有如小孩，知道牢牢地跟著上人、抓著那一念善。

也唯有如此，我們才能在生生世世找到回家的路。

96027

樹立校風

這張照片多麼溫馨有趣啊！二〇〇八年十二月三日下午，上人來到臺南慈濟小學，學校成立不到兩年，孩子們的氣質已截然不同。

從座談會中的分享，就可知道老師們有多用心：調皮的學生，就讓他抄《靜思語》，不專心、不用心的學生，就叫他在黑板上寫幾十遍「心」。

小朋友在看到毛毛蟲時，不但不害怕，還會彼此提醒，不要殺生。還有一個小孩，在聽老師講「老牛拖車」時，竟然不忍心地哭了起來。

負責導覽的同學，聽著聽著，竟然掏出厚厚的本子，有模有樣地做紀錄。連上人都好奇他到底寫了些什麼，是用注音符號還是國字？

二〇〇九年七月一日上人到臺南，慈濟中學、小學的主任和老師在曾耀松及林淑瓊兩位校長的帶領下，到靜思堂跟上人溫馨座談。林校長感性地表示，自從創校以來，她就向所有同仁表示，進慈濟不是找到一個教育的工作，而是要樹立典範。大家對慈濟要求高，身為創校老師，每個人都一定要有這樣的體悟。

上人既感慨又欣慰，說人生最快樂的事，就是遇到一群有共同理想的人。從大家的身上，他已看到了典範與希望。凡事起頭難，尤其是創校。過去辦學校是偉大、風光又單純的事，現在卻不然。時代在變，人心不古，所以我們更該辦教育、樹立校風。

「人類的希望在教育，我們不但要辦教育，還要將教育志業的典範推向國際。」

禮就是理

臺南的慈濟中、小學愈辦愈好，佳績頻傳。高中在外交部與教育部合辦的「外交小尖兵」比賽入圍全國決賽；在遠哲科學趣味競賽全國錦標賽，也因「拉環高手」、「浮沉子」奪高分，而獲六個比賽項目的整體最高分，奪冠。

二〇一〇年十二月十三日，曾耀松校長帶獲獎學生來臺南靜思堂見上人。上人開心地拿起「浮沉子」試掌勁兒，直說可以用在病人復健上。「浮沉子」藉物理原理展現不同重量的容器在水中上升、沉落的現象，大眾歡欣於孩子們的卓越表現，上人卻永遠會想到，如何讓物質利用於實際生活中。

隔日，上人抓緊時間到校園轉了一圈。有陣子沒來了，每個孩子看起來都十分可愛！上人說，小學成立的第一年，孩子們像小麻雀一樣；但是從第二年開始，就一直在進步了。

遇到家長會的成員，上人再度強調禮儀的重要，說課業雖重要，但禮貌更不能忽視。沒有禮貌，就無倫理道德的人生。

「『禮』就是『理』，尊師重道，孩子才能教得好。否則，無論老師教得多辛苦，父母一句『為什麼要這樣』，就破功了！」

在中學校區，國二和氣班的同學在恭迎上人之後，仍然捨不得離去，一直跟在三、四公尺外，亦步亦趨。一個男生上前叫了一聲「師公，我愛你」，上人回頭一看，他便害羞地溜了。

上人笑起來，不但把他叫過來摸摸頭，還跟全班拍了一張大合照。看看每個孩子的氣質，就知道學校的教育是成功的！

未來的傳法人

「時間總是過得這麼快，尤其是快樂的時間！」上人這麼說。那是二〇一三年七月二十日，一群書軒小志工大清早就在慈濟關渡園區集合，要為上人表演他們認真排練的手語歌〈孝順不能等〉。

靜思書軒小志工以三至十二歲的小朋友為主，透過靜思書軒的培訓、父母的陪伴，從小培養行孝、行善的觀念。希望讓他們藉著為人服務，從中學會對自己負責、對他人負責，並且樂於助人。

小志工們與靜思書軒約定，要遵守「三不」：不跑、不跳、不亂叫；「三守」：守時、守禮、守規矩；「三友」：友善、友愛、友微笑；「三多」：多做、多得、多歡喜。難怪他們一個個都那麼乖，有著一般小孩缺乏的恬靜與專注。

上人沒來之前，十一歲的楊凱丞先跟弟弟妹妹們分享，說上人曾問他，樹葉為何會從樹上掉下來；他回答，因為生老病死是自然法則。

稍後，上人又以同樣的問題考靳珮祺。五歲的小不點毫不猶疑：「樹葉掉了，要撿起來給師公！」把師姑師伯們逗得合不攏嘴。

這些小志工都是大家看著長大的。八歲的林大雄十個月大就茹素，能將目犍連救母的故事朗朗上口。六歲的廖明庭，在四歲時就跟上人說，她的志願是當清修士。

看著這一群小菩薩，上人笑容滿面，當場宣布：

「他們都是師公未來的傳法人！」

社會人文 BGB429A

隨師行腳
看見證嚴法師的慈悲與智慧

圖－阮義忠
文－袁瑤瑤
事業群發行人／CEO／總編輯—王力行
副總編輯—吳佩穎
責任編輯—賴仕豪
美術指導—張治倫（特約）
封面及美術設計—張治倫工作室 林育琦（特約）
圖片提供—阮義忠

出版者—遠見天下文化出版股份有限公司
創辦人—高希均、王力行
遠見・天下文化・事業群　董事長—高希均
事業群發行人／CEO—王力行
出版事業部副社長／總經理—林天來
版權部協理—張紫蘭
法律顧問—理律法律事務所陳長文律師
著作權顧問—魏啟翔律師
地　址—台北市 104 松江路 93 巷 1 號 2 樓
讀者服務專線—（02）2662-0012 ｜傳真—（02）2662-0007；2662-0009
電子信箱—cwpc@cwgv.com.tw
直接郵撥帳號—1326703-6 號　　遠見天下文化出版股份有限公司

慈濟人文出版社
地址—台北市大安區忠孝東路三段 217 巷 7 弄 19 號 1 樓
電話—02-28989888　傳真—02-28989889
郵撥帳號—06677883　戶名—互愛人文志業股份有限公司
網址—www.jingsi.com.tw

電腦排版—張治倫工作室
製版廠—中原造像股份有限公司
印刷廠—中原造像股份有限公司
裝訂廠—精益裝訂股份有限公司
登記證—局版台業字第 2517 號
總經銷—大和書報圖書股份有限公司
電話—（02）8990-2588
出版日期—2016 年 5 月 20 日第一版第 1 次印行

定價—2000 元
ISBN—978-986-93103-1-4
書號—BGB429A

天下文化書坊—http://bookzone.cwgv.com.tw/

國家圖書館出版品預行編目(CIP)資料

隨師行腳：
看見證嚴法師的慈悲與智慧 / 阮義忠,袁瑤瑤著.
-- 第一版. -- 臺北市 : 遠見天下文化,
2016.05
面；　公分. -- (社會人文 ; BGB429)
ISBN 978-986-93103-1-4(精裝)

1.佛教藝術 2.攝影集

224.56　　105006460